MELINAU GWLÂN

Branwen Davies

WOOLLEN MILLS OF WALES

LLUNIAU IMAGES *Iestyn Hughes*

Gomer

MELINAU GWLÂN

WOOLLEN MILLS OF WALES

Er Cof am Dad, Bryan Pant-y-gog
Sori am beidio â gwrando arnat pan oeddwn i'n ddeng mlwydd oed wrth i ti geisio
'nysgu i am bwysigrwydd y diwydiant gwlân i'n pentref ac i'n teulu ni. Gobeitho bod y
gyfrol hon yn rhyw fath o gydnabyddiaeth am fy niffyg gwerthfawrogiad ffôl bryd hynny.

In memory of Dad, Bryan Pant-y-gog
Sorry for not listening when you tried teaching my 10-year-old self about the
importance of the wool industry to our village and to our family. I hope this book
makes up a little for my foolish lack of appreciation at the time.

Branwen

Cyhoeddwyd yn 2017 gan
Wasg Gomer, Llandysul, Ceredigion SA44 4JL

ISBN 978-1-78562-145-1

Hawlfraint testun © Branwen Davies 2017 ©
Hawlfraint y ffotograffau © Iestyn Hughes 2017 ©

Mae Branwen Davies wedi datgan ei hawl foesol dan
Ddeddf Hawlfreintiau, Dyluniadau a Phatentau 1988
i gael ei chydnabod fel awdur y llyfr hwn.

Cedwir pob hawl. Ni chaniateir atgynhyrchu unrhyw
ran o'r cyhoeddiad hwn, na'i gadw mewn cyfundrefn
adferadwy, na'i drosglwyddo mewn unrhyw ddull na
thrwy unrhyw gyfrwng electronig, electrostatig, tâp
magnetig, mecanyddol, ffotogopïo, recordio, nac fel
arall, heb ganiatâd ymlaen llaw gan y cyhoeddwyr.

Dymuna'r cyhoeddwyr gydnabod cymorth ariannol
Cyngor Llyfrau Cymru.

Argraffwyd a rhwymwyd yng Nghymru gan
Wasg Gomer, Llandysul, Ceredigion

Published in 2017 by
Gomer Press, Llandysul, Ceredigion SA44 4JL

ISBN 978-1-78562-145-1

Text copyright Branwen Davies 2017 ©
Photography copyright Iestyn Hughes 2017 ©

Branwen Davies has stated her moral right under the
Copyright, Designs and Patents Act 1988
to be identified as author of this work.

All rights reserved. No part of this book may be
reproduced, stored in a retrieval system, or
transmitted in any form or by any means,
electronic, electrostatic, magnetic tape,
photocopying, recording or otherwise, without
permission in writing from the publishers.

The publishers wish to acknowledge the
financial support of the Welsh Books Council

Printed and bound in Wales at
Gomer Press, Llandysul Ceredigion

CYNNWYS CONTENTS

CYFLWYNIAD
INTRODUCTION

Bu'r diwydiant gwlân wrth wraidd cymunedau Cymru am ganrifoedd. Ar y naill begwn roedd y diwydiant cartref, wedi'i grisialu gan ddelwedd, led ystrydebol erbyn heddiw, y wraig ar yr aelwyd, wrth ei holwyn nyddu. Mewn ardaloedd gwledig yn arbennig, roedd y nyddwyr a'r gwehyddwyr lleol yn hanfodol i'r gymuned. Ar y pegwn arall roedd ffatrïoedd mawr, swnllyd y bedwaredd ganrif ar bymtheg a oedd yn cyflenwi dillad, blancedi a charthenni ar hyd a lled y wlad. Y ffatrïoedd hynny oedd, yn llythrennol, yn rhoi'r crysau (gwlanen) ar gefnau'r gweithwyr yng nghanolfannau diwydiannol De Cymru. Erbyn 1895 roedd ymhell dros dri chant o felinau gwlân gweithredol yn yr hen Sir Aberteifi, Sir Gâr a Sir Benfro.

Ond o'r 1920au ymlaen, dirwasgiad a dirywiad a fu hanes y diwydiant. Erbyn 1969, pan gyhoeddodd Dr J. Geraint Jenkins ei astudiaeth helaeth o'r diwydiant sef *The Welsh Woollen Industry* (Caerdydd: Amgueddfa Werin Cymru, 1969), dim ond pedair ar hugain o felinau gwlân oedd yn dal i gynhyrchu yng Nghymru.

The woollen industry has been at the heart of communities in Wales for centuries. On the one hand there was the domestic industry, captured in the, now somewhat clichéd, image of the lady at her spinning wheel by the fire. In rural areas in particular, spinners and weavers were essential to the local community. On the other hand, at the other end of the spectrum were the large, noisy factories of the nineteenth century which supplied clothes, blankets and *carthenni* across the country. These were responsible, quite literally, for putting the (flannel) shirts on the backs of workers in the industrial South. By 1895 there were over three hundred working woollen mills in the old counties of Cardiganshire, Carmarthenshire and Pembrokeshire.

But since the 1920s, depression and contraction have been the main features of the industry. By 1969, when Dr J. Geraint Jenkins carried out his extensive research into the industry and published *The Welsh Woollen Industry* (Cardiff: Museum of Welsh Life, 1969), there were no more than twenty-four working mills left in Wales.

Erbyn heddiw, dim ond dyrnaid o'r melinau gwlân hynny sy'n parhau i weithio. Mae'r mwyafrif ohonynt i'w gweld yn y gyfrol hon. A chyn lleied o felinau yn weddill, byddai'n hawdd tybio bod y diwydiant gwlân Cymreig ar ei wely angau. Ond mae'r sefyllfa'n fwy cymhleth na hynny, ac yn sicr mae gweithgaredd ac egni'r melinau hyn, wedi'u hybu gan yr awch am nwyddau gwlân, wedi cynyddu'n ddirfawr yn ystod y bynyddoedd diwethaf.

Dylwn egluro ar y cychwyn nad cyfrol hanesyddol mo hon – nid wyf yn honni fy mod yn hanesydd nac ychwaith yn un sy'n deall technegau'r broses o droi cnu yn ddefnydd. Yn hytrach, bwriad y gyfrol yw amlygu'r mannau hanesyddol, lliwgar a chreadigol hyn, ac yn anad dim, efallai, roi portread o'r unigolion arbennig hynny sydd wrth lyw melinau Cymru heddiw. Mae gan bob melin ei stori unigryw a does dim dwy ohonynt yn debyg. Megis eu perchnogion, mae gan bob melin ei gwedd a'i phersonoliaeth ei hun – mae rhai'n hen, rhai'n newydd, rhai'n fawr, rhai'n fach. Sut bynnag, yr hyn sy'n gyffredin i bob un ohonynt yw creadigrwydd, dycnwch, angerdd, styfnigrwydd a chrefft y bobl hynny sy'n cadw'r diwydiant yn fyw. Ac maen nhw i gyd wedi gorfod darganfod ffyrdd dyfeisgar o oroesi.

Yn y pen draw, nid oedd yn bosibl cynnwys pawb a chanddynt gysylltiad pwysig â'r diwydiant yn y gyfrol hon. Felly, bu'n rhaid hepgor nifer o unigolion sy'n cyflawni swyddogaethau arwyddocaol yn y maes; er enghraifft, y dylunwyr tecstilau gwych, y crefftwyr sy'n defnyddio brethyn i greu amrywiaeth o gynnyrch gwlân,

Today, only a handful of these working woollen mills (which produce fabric) still exist. The majority of those can be seen in this book. With so few mills remaining it is easy to suppose that the Welsh woollen industry is on its deathbed. But it's more complicated than that, and an unquestionable drive and vitality exists within the remaining mills, buoyed up by a recent rise in interest in and appreciation of woollen goods.

I should explain from the outset that this is not a historical volume – neither do I claim to be a historian nor am I someone who understands the intricate technicalities involved in the process of turning fleece into fabric. Rather, the purpose of this book is to highlight these historical, colourful, creative places and above all perhaps, to portray the remarkable individuals at the helm of Welsh woollen mills today. Each and every mill has its own unique story. Like their owners, each mill also has its own nature and personality – some are old, some new, some are large, some are small. What they do all have in common however is the creativity, unrelentingness, determination, passion and craft of those who are keeping the industry alive. And they have all found very inventive means of survival.

It has not been possible to include everyone who has an important connection to the industry in this book. Sadly, many who make significant contributions to the industry are not featured; for instance, fantastic textile designers, those who use woollen fabrics to create a variety of crafted goods, and of course those who sell woollen products through their shops, websites

ac wrth gwrs y rhai sy'n cefnogi drwy werthu nwyddau gwlân yn eu siopau, ar eu gwefannau, ac ati. Yn ogystal, er nad oedd yn bosibl i mi eu trafod, hoffwn dynnu'ch sylw at y bobl sy'n cyflawni gwaith amhrisiadwy ym meysydd treftadaeth, cadwraeth a hyrwyddo yn y diwydiant gwlân – boed hen neu fodern. Yn y gyfrol hon roeddwn am ganolbwyntio ar y melinau eu hunain, y mannau hudolus hynny lle y mae hi'n dal yn bosibl clywed sŵn unigryw y peiriannau'n gwehyddu; rhythm mecanyddol yr anwe a'r ystof.

Er bod cymeriadau'r melinau a'u perchnogion yn amrywio'n fawr, yn ddiddorol ddigon, daeth nifer o themâu cyffredin i'r amlwg wrth i mi grwydro Cymru yn ymweld â nhw. Natur simsan, oriog sydd i'r peiriannau hynafol ac mae'r berthynas rhwng y gwehydd a'i beiriannau yn un agos iawn. Mae dod o hyd i bartiau newydd er mwyn trwsio'r hen fwystfilod hyn yn her gynyddol. Beth ddaeth yn amlwg, hefyd, yw bod gofyn i weithwyr melinau heddiw fod yn amldalentog ac yn barod i ymgymryd â phob math o waith.

Ar y naill law, cefais fy nharo gan y parch sydd i'w deimlo ymhlith gweithwyr y melinau tuag at dreftadaeth y diwydiant a'r hen sgiliau a'r crefftwaith traddodiadol Gymreig. Er eu bod yn ymwybodol o'r fraint sydd ynghlwm wrth eu rolau fel gwarchodwyr y diwydiant, pwysa'r cyfrifoldeb yn drwm ar eu hysgwyddau. Ar y llaw arall, maent hefyd yn obeithiol ynghylch yr adfywiad diweddar a fu yn y galw am nwyddau gwlân Cymreig. Yn ystod y blynyddoedd diwethaf

and so on. In addition, although it has not been possible to discuss them, there are those who are doing sterling work in the realms of heritage, conservation and promotion of the woollen industry, old and modern. Here however, I want to focus on the mills themselves, those magical places where is it is still possible to hear the looms weaving; the methodical rhythm of the warp and weft.

Although the character of the mills and their owners vary enormously, interestingly there were some common themes which emerged as I visited the mills around Wales. One obvious commonality is the fragile, temperamental nature of the historical equipment and the fact that the relationship between the weaver and their machinery is a very close one. Furthermore, finding parts to fix the ageing beasts is becoming an increasing challenge. What's obvious too is that anyone working in a modern-day woollen mill needs to be multi-talented and able to fulfil all sorts of roles, from design to engineering.

On the one hand, I was struck by the respect that those who run the mills have towards the trade's heritage, the traditional Welsh skills and craftsmanship. They are very aware of the fact that they are in the privileged position of being the guardians of the industry – although the responsibility which goes with it lies heavy on their shoulders. On the other hand, they have been enthused by the present-day resurgence in the demand for Welsh wool products. In recent years people's appetite for traditional produce (sometimes with a modern twist) of the highest

mae awch pobl am gynnyrch traddodiadol, weithiau â gogwydd modern, naturiol o'r safon uchaf wedi ailgydio ac mae tarddle nwyddau wedi dod yn ystyriaeth hollbwysig i gwsmeriaid. Mae'r diwydiant gwlân yng Nghymru wedi medru ymateb yn bositif i'r gofyn hwnnw, ffactor sydd wedi bod yn hanfodol i ffyniant y melinau presennol.

Er gwaethaf y ffaith fod llawer iawn i'w ddathlu ynghylch ein diwydiant gwlân Cymreig heddiw, mae marc cwestiwn yn hofran uwchben dyfodol nifer o'r melinau. Yn eironig ddigon, tybed a yw'r ffyrdd traddodiadol o weithio sydd wrth wraidd ethos ambell felin yn gleddyf deufin? Er enghraifft, mae'r hen wyddiau Dobcross sydd yn parhau i weithio mewn sawl melin yn llawer anoddach i'w trin na'r gwyddiau Rapier mwy modern, felly a fydd yn rhaid moderneiddio er mwyn sicrhau dyfodol? Mae'r gwyddiau newydd hyn yn gallu cynhyrchu mwy ac mae'n bosibl y byddai hyfforddi newydd-ddyfodiaid i'r diwydiant i'w defnyddio yn fwy ymarferol. Nid pawb fyddai'n hapus â'r awgrym hwn, fodd bynnag.

O ymweld â siopau a ffeiriau crefftau heddiw, ac o edrych ar gylchgronau moethus *lifestyle*, mae'r adfywiad mewn cynnyrch gwlân yn gwbl amlwg, boed yn siaced wedi'i gwneud o *tweed* Cymreig, yn orchudd gwely, yn fag, yn sgarff, yn rŷg i'r llawr neu hyd yn oed yn fatras gwlân. Yn wir, efallai fod mwy o ddewis o ran yr ystod o nwyddau sydd ar gael heddiw nag a fu erioed. Ond nid yw'r adfywiad hwn yn sicrhau dyfodol i'r melinau oni bai bod gwaed newydd yn ymuno â'r diwydiant yn ystod y blynyddoedd nesaf. Pan ddaw'n amser

qualitliy has returned, with provenance being of vital importance to customers. The wool industry in Wales has been able to respond to this positively, and it has been a vital asset in the mill owners' bid to prosper today.

Although there is much to celebrate about the Welsh woollen industry today, a question mark hovers over the future of many of the mills. Ironically, could it be that the traditional working methods which have been central to the ethos of some mills are a double-edged sword? For example, the old Dobcross looms which continue to work in several of the mills are much harder to operate than the more modern Rapier looms, so is modernising essential in order to survive? The newer models can produce in much larger quantities and it might perhaps be more practical to train newcomers to the industry to use these. Not everyone would agree with such thinking, however.

When visiting craft shops and fairs today, and browsing through the higher-end lifestyle magazines, the resurgence in wool produce is perfectly obvious, be it a jacket made from Welsh tweed, or a throw for the bed, or a bag, or scarf, or floor rug or even a woollen mattress. Indeed, perhaps there is a wider range of wool products available today more than ever. But this return to an interest in wool doesn't guarantee a future for the mills unless new blood is willing to join the industry in the coming years. When the time arrives for the current owners to silence the looms for the last time, will there be someone else to take their place? Some of the mills are already training

i'r perchnogion presennol ddistewi'r gwyddiau a rhoi'r gorau iddi, tybed a fydd rhywun arall ar gael i gamu i'r adwy? Mae ambell felin eisoes wrthi'n hyfforddi cenhedlaeth newydd o grefftwyr, ond mae nifer o rai eraill heb ddechrau arni – un o'r problemau yw eu bod yn rhy brysur yn gwehyddu a chyflenwi archebion i fedru cael yr amser i gynnig hyfforddiant. Felly a fydd y melinau sydd i'w gweld yn y gyfrol hon yn parhau i weithio ymhen deng mlynedd arall? Amser a ddengys.

Mae'r ffotograffydd Iestyn Hughes wedi gwneud gwaith ardderchog yn crisialu natur ac awyrgylch pob un felin – yr adeiladau, yr offer, y brethyn a'r bobl. Mae ef, fel finnau, wedi dod yn gwbl ymwybodol o ba mor lliwgar ond pa mor fregus hefyd y mae sefyllfa'r diwydiant presennol. Yn ei eiriau ef, 'Rwy'n gallu gweld a blasu'r hanes a synhwyro'r hiraeth a ddaw. Mae'r diwydiant ar y dibyn … efallai bydd y gyfrol hon yn ysbrydoli rhywun i gymryd at un o'r melinau hyn … cyn iddi fynd yn rhy hwyr.'

a new generation of craftspeople, but there are several others who are not – indeed, one of the problems is that they are too busy weaving and fulfilling orders to have time to take on a trainee. Will the mills seen here still be working in another ten years? Only time will tell.

The photographer Iestyn Hughes has done an exceptional job capturing the nature and atmosphere of each mill – the buildings, the equipment, the cloth, the people. He has become aware, in just the same way as I have, how colourful but also just how fragile the current situation is within the industry. In his words, 'I can see and taste the history, and sense the *hiraeth* (longing) that is to come. The industry is on a precipice … perhaps this book will inspire someone to take on a mill … before it becomes too late.'

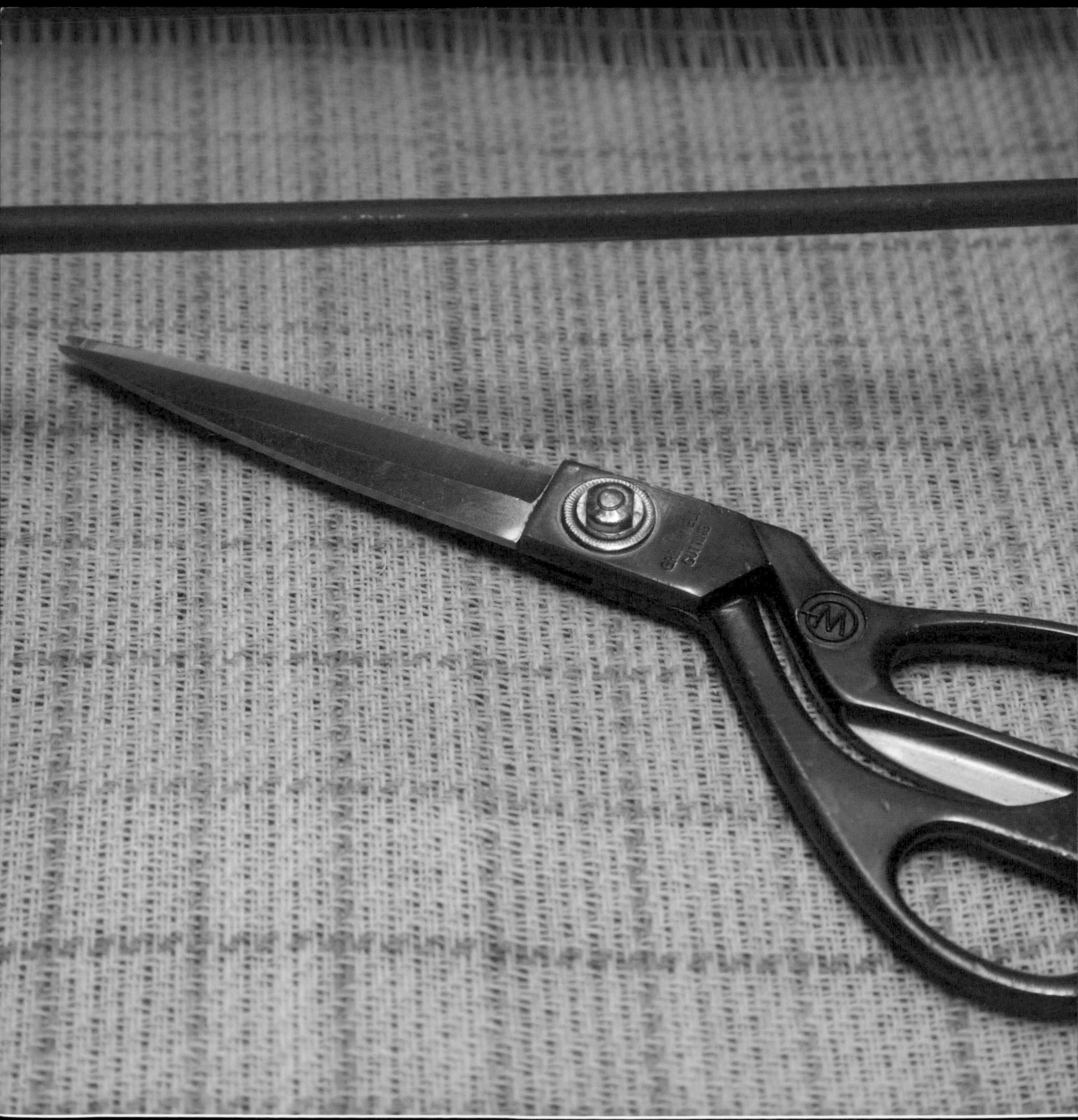

MELIN WLÂN ELFED
ELVET WOOLLEN MILL

Cynwyl Elfed

'Doedd e ddim yn fy ngwaed a ches i ddim fy magu yn y ffordd draddodiadol o weithio yn y diwydiant. Felly daethon ni at y diwydiant ag agwedd wahanol … roedd hynny'n angenrheidiol, a dweud y gwir.' **Mike Tolputt**

'I wasn't dyed in the wool, I wasn't brought up in the traditional approach to the industry, so we came into it with a different approach … we had to really.'

Mike Tolputt

Wrth i chi adael pentref Cynwyl Elfed ar lannau afon Duad yn Sir Gâr, mae'n hawdd peidio â sylwi ar yr arwydd gweddol ddi-nod ar gyfer Melin Wlân Elfed. Os digwydd iddo ddenu'ch llygad a'ch bod yn edrych i lawr tuag at yr afon, yna fe welwch chi'r adeilad hanesyddol a fu'n felin wlân weithredol, a hynny'n ddi-dor, ers cant tri deg o flynyddoedd a mwy. Y tu mewn, cewch eich cofleidio gan ymdeimlad o hanes, traddodiad a bywydau coll wrth i chi glywed synau rhythmig yr hen wyddiau cadarn yn llenwi'r adeilad hynafol, lled-adfeiliedig ac atmosfferig hwn. Hefyd, yn weledol, mae lliwiau llachar yr ystof yn cyferbynnu'n drawiadol â llwyd a brown llwm y pren a'r peiriannau. Mike Tolputt sy'n gyfrifol am sicrhau parhad sgiliau traddodiadol y felin yn ystod y degawdau diwethaf.

As you leave the village of Cynwyl Elfed on the banks of the river Duad in Carmarthenshire, it's easy to miss the unassuming sign for Elvet Woollen Mill. If you do happen to spot it, and look down towards the river, you'll see the historical building which has operated continuously as a woollen mill for over a hundred and thirty years. As you venture inside, you become drenched in a sense of history, tradition and long forgotten lives, by the rhythmic sounds of the old looms as they fill the somewhat dilapidated and atmospheric old building. There is also a striking visual contrast; the vibrant colours of the warp standing out against the sombre grey and brown of the timbers and machinery. The man who has ensured that traditional skills have been continued here over the last few decades is Mike Tolputt.

Sefydlwyd melin wlân ar y safle hwn ym 1885 ac ar hyd y blynyddoedd mae sawl enw — Ffatri Lleine, Melin Dolwerdd, Greenmeadow Mill, ac erbyn heddiw, Elfed — wedi cael ei roi arni. Cafodd y felin, ynghyd â Fferm Lleine, eu prynu ym 1899 gan John Jones. Ffynnodd y felin o dan ei berchnogaeth ef; cafodd yr adeilad ei ymestyn i lawr tuag at yr afon a newidiwyd yr olwyn ddŵr am un fwy effeithlon. Arferai'r cnu gyrraedd o'r ffermydd lleol i'w droi'n wlanen gan mwyaf. Cynyddodd y busnes ac ym 1938 ychwanegwyd mwy o beiriannau; erbyn y 1940au y prif gynnyrch oedd cwiltiau ag ymylon iddynt. Bu farw John Jones ym 1953, gan adael ei feibion, Jack, Tom a Wallis Jones i gymryd yr awenau. Erbyn hyn, fodd bynnag, effethiwyd ar y busnes gan newidiadau yn y diwydiant, gan gynnwys dyfodiad y Bwrdd Marchnata Gwlân. Wedi marwolaeth y brawd hynaf, Jack, ym 1965, tynnwyd y peiriannau nyddu oddi yno, a daethpwyd â dau wŷdd Dobcross 120″ newydd, ynghyd â pheiriannau eraill, i Elfed, er mwyn caniatáu iddyn nhw gynhyrchu gorchuddion gwely o dapestri a blancedi crwybr. Wedi marwolaeth Tom, ym 1976, parhaodd Wallis i weithio yn y felin ar ei ben ei hun ond gan feddwl am ymddeol. Yn wahanol i gymaint o felinau eraill, daeth Wallis o hyd i brynwr, gan sicrhau parhad stori Melin Wlân Elfed hyd heddiw.

Yn nhref Dover, Swydd Gaint, y cafodd Mike Tolputt ei fagu, ond treuliodd dros bedair blynedd ffurfiannol o'i blentyndod yn ne Cymru fel faciwî, yn gyntaf ym Mhengam ac yna yng Nglynebwy. Ar ôl dychwelyd adref i Gaint, gorffennodd yn yr ysgol cyn mynychu coleg celf, a'i fryd ar fynd yn

A woollen mill was established here in 1885 and over the years has been known by several different names; Ffatri Lleine, Melin Dolwerdd, Greenmeadow Mill, and finally Elvet Woollen Mill. The mill was purchased in 1899 by John Jones, who also then bought the adjoining Lleine Farm. Under his ownership the mill thrived, the building was extended closer to the river and the old waterwheel was replaced by a more efficient version. In the early days, the fleece arrived from the local farms and was turned mainly into flannel. The business flourished and in 1938 the mill was further extended to accommodate more machinery, and by the 1940s its main product was fringed quilts. John Jones died in 1953, leaving his sons Jack, Tom and Wallis Jones to take over. However, by then the business had been affected by changes in the industry, including the advent of the Wool Marketing Board. After the eldest brother Jack's death in 1965, the spinning machine was stripped out and two new 120″ Dobcross looms, along with other machines, were brought in, allowing Elvet to produce Welsh tapestry bedcovers and honeycomb blankets. After Tom's death in 1976, Wallis continued on his own but started looking to retire. Unlike many other mills, Wallis found himself a buyer and Elvet Woollen Mill's story was set to continue to the present day.

Mike Tolputt grew up in Dover, Kent but spent over four of his formative childhood years as an evacuee in South Wales, firstly in Pengam and later in Ebbw Vale. On returning home to Kent and finishing school, he attended art school and planned on becoming a teacher. It was here that he

athro. Yn y coleg y cyfarfu â'i wraig Betty, a maes o law cawsant ddwy ferch. Ond nid anghofiodd yr amser a gafodd yng Nghymru yn blentyn ac roedd wastad wedi teimlo'n agos at y lle a'r bobl. Roedd gan Betty gysylltiadau agos â Chymru hefyd gan fod ei thad, fel mae'n digwydd, yn dod o Lynebwy. Byddai'r teulu yn treulio'u gwyliau yng ngorllewin Cymru a dyma sut yr eginodd diddordeb Betty yn y diwydiant gwlân lleol. Daeth yn arfer iddyn nhw ymweld â melinau yn yr ardal a daethon nhw'n ffrindiau â Mal a Muriel John o Felin Maesllyn ger Llandysul. Yn y pen draw dechreuodd Betty weithio iddyn nhw fel asiant yn ôl adref yn Dover.

Yn raddol, ehangodd busnes Betty a gyda'r tŷ yn dechrau edrych yn debycach i storws na chartref, fe benderfynwyd sefydlu siop yn Dover. Roedden nhw'n gwerthu deunydd tapestri o felinau ar draws Cymru gyfan. Yn naturiol felly, cryfhaodd cysylltiadau'r teulu â'r melinau wrth iddynt ymweld â nhw. Un o'u prif gyflenwyr oedd Wallis Jones o Felin Elfed. Ar y pryd, roedd Mike yn dal i weithio fel darlithydd mewn canolfan addysg i oedolion, ond wrth ddod i ymwneud fwyfwy â'r diwydiant, dechreuodd ef a Betty ystyried rhedeg eu melin eu hunain. Un noswaith, daeth Mike adre o'r coleg a derbyn neges gan Wallis Jones yn gofyn iddo alw'n ôl ar unwaith. Pan ddychwelodd Mike yr alwad, dywedodd Wallis yn syml, 'Mae'r felin yn eiddo i chi … os hoffech chi ei chael.'

Bu'r cwpl yn ystyried yn ddwys, ond, a swydd Mike yn y coleg yn edrych yn gynyddol ansicr, penderfynwyd bod yn ddewr a symud i Gymru. Aeth dwy flynedd heibio rhwng yr alwad ffôn gyntaf hollbwysig honno a'r diwrnod y

met his wife Betty and they subsequently had two daughters. However, Mike had never forgotten his time in Wales, and always felt a close affinity with the place and its people. Betty also had close links to Wales — her father, as it also happened, had originally come from Ebbw Vale. Family holidays were spent in West Wales and it was at this time that Mike and Betty's interest in the local woollen industry began. They started visiting mills in the area, and become particularly friendly with Mal and Muriel John of Maesllyn Mill near Llandysul. Eventually, Betty started working as an agent for them back home in Dover.

Gradually, Betty's business expanded and with the house becoming more like a warehouse than a home, the decision was made to establish a shop in Dover. They sold tapestries from mills all over Wales and naturally, the family's links with the Welsh mills became stronger as they regularly visited as many as they could. One of their main suppliers was Wallis Jones from Elvet Woollen Mill. Mike had continued as a lecturer in the local adult education centre during this time. However, as he became increasingly involved with the business, the couple started to consider running their own mill. One evening, Mike returned home from college to a message from Wallis Jones asking him to ring him immediately. When Mike returned the call, Wallis simply said, 'The mill's yours if you want it.'

There was much soul-searching to be done, but, with Mike's position in the college looking increasingly insecure, the family decided to make the brave move to Wales. Two years went by from

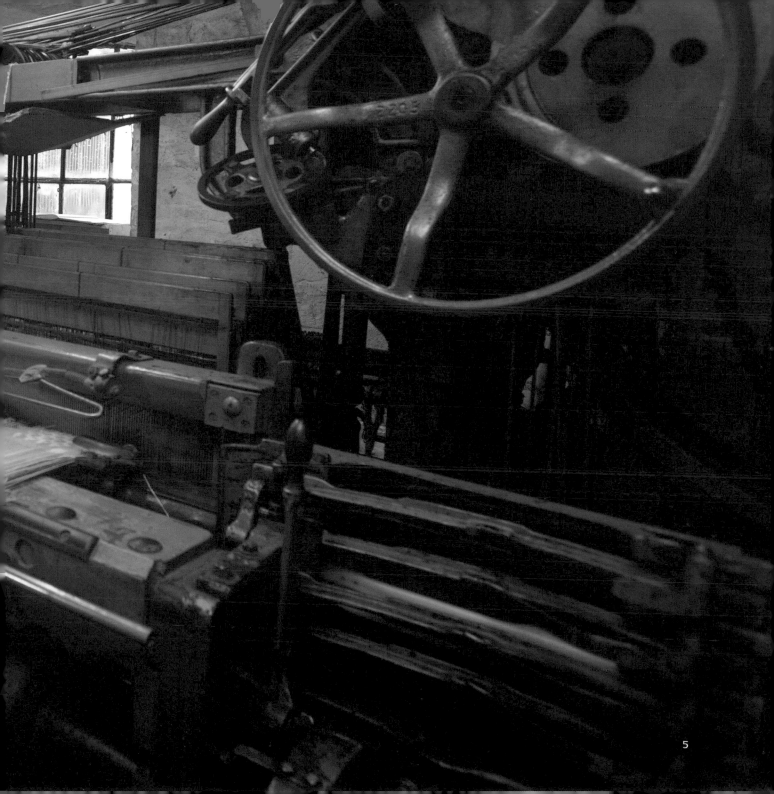

cyrhaeddodd y teulu Sir Gâr ym mis Awst 1981. Roedd yn dipyn o sioc, fel mae Mike yn sôn: 'Gyrhaeddon ni ar y dydd Sul a daeth Wallis yma i'n gweld ni. Yr unig beth ddywedodd e oedd, "Dewch i gwrdd â fi bore fory am wyth." A dyna ni, roeddwn i'n dechrau yn y felin lai na phedair awr ar hugain ar ôl cyrraedd Cymru.'

Bu Mike yn gweithio ochr yn ochr â Wallis Jones am bythefnos, ac ar ôl hynny, cyhoeddodd Wallis ei fod yn mynd — gwybodaeth oes yn cael ei throsglwyddo mewn rhai diwrnodau'n unig. Sut bynnag, dychwelodd i'w helpu ar sawl achlysur, yn bendodol pan brynodd y Tolputts ddau wŷdd ychwanegol i'r felin. Roedd Mike wedi darlithio mewn gwehyddu â gwŷdd llaw yn y gorffennol ac yn amlwg hefyd, roedd yr wybodaeth roedden nhw wedi'i chasglu wrth redeg y busnes yng Nghaint yn amhrisiadwy iddynt. Etifeddon nhw rai o gyn-gwsmeriaid y felin ynghyd â llyfr archebion Wallis, ond doedd hwnnw ddim yn ddefnyddiol iawn: 'Roedd y mwyafrif o bobl naill ai wedi rhoi'r gorau iddi neu wedi marw.'

Yn y cyfnod hwnnw, tapestri oedd unig gynnyrch Elfed. Sylweddolodd Mike fod angen ailystyried cyfeiriad y busnes oherwydd bod anghenion cwsmeriaid yn newid: 'Doedd llawer o'r melinau ddim yn addasu, ond yn glynu at wneud yr hyn roedden nhw wedi bod yn ei wneud ers blynyddoedd, pe dymunai'r bobl y cynnyrch ai peidio. Yn aml hefyd roedden nhw'n cynhyrchu tapestri rhad heb dalu sylw i'r safon. Ond roedd pethau ar fin newid ac roeddwn i'n gwybod bod angen gwneud pethau'n wahanol.' Yn ei hanfod, roedd rhaid i'r teulu ailddechrau'r busnes o'r

the time of the feted phone call to the actual move in August 1981. It was a baptism of fire, as Mike recalls: 'We arrived on the Sunday and Wallis met us here. All he said was, "Meet me here tomorrow morning at eight." And that was it, I started in the mill less than twenty-four hours after arriving in Wales.'

Mike worked alongside Wallis Jones for a fortnight, after which, Wallis announced that he was off – a lifetime of knowledge handed over in a matter of days. He did, however, return to help them on a number of occasions, in particular when the Tolputts bought two additional looms for the mill. Mike had lectured in hand loom weaving in the past and obviously the knowledge they had gathered about the industry whilst running the business in Kent – the patterns, products and customers – was invaluable. They inherited a few of the mill's previous customers and were given an old customer order book by Wallis, although that wasn't that useful: 'Most of the people in it had either given up or were dead.'

In the latter years, tapestry had been Elvet Mill's only product. Mike realised that they needed a new approach to the business as customer demands were changing: 'Many of the mills were sticking to doing what they'd done for years, regardless of whether people wanted that product or not. Often, too, they were producing cheap tapestry with no quality control. But times were changing and we knew we had to do things differently.' In essence the family had to start the business anew, whilst also respecting the heritage of the unique mill they had purchased.

newydd, ond gan ei wneud mewn modd a oedd yn parchu treftadaeth unigryw'r felin.

Roedd tri gwŷdd Dobcross yn y felin pan ddaeth Mike a Betty yno, ond dim ond dau oedd yn gweithio, ynghyd ag offer amrywiol arall fel gwindwyr ac olwyn ystofi. Prynon nhw dri gwŷdd arall mwy cul, 90″ o led, hefyd er mwyn gallu cynhyrchu ystod ehangach o frethyn, fel *tweed*. Yr un chwe gwŷdd sy'n parhau i weithio yn y felin hyd heddiw, ac maen nhw'n rhan annatod o deulu Melin Elfed; mae ganddyn nhw enwau unigol hyd yn oed — Tom, Lady, y Rolls Royce, Rufus, Lizzie a Leona – ynghyd â phersonoliaethau a mympwyon unigryw bob un.

Penderfynodd y teulu gynhyrchu brethyn dwbl ar gyfer gwneud dillad a rygiau teithio. Fe ddechreuon nhw hefyd wneud blancedi crwybr a fyddai'n ennill Tarian Rhagoriaeth Tywysog Cymru. Agorwyd siop ar y safle a oedd wedi'i hanelu'n bennaf at dwristiaid, roedd modd i ymwelwyr grwydro o gwmpas y felin hefyd.

There were three Dobcross looms at the mill when Mike and Betty took over, although only two were working, along with a variety of other equipment such as winders and a warping wheel. They also went on to purchase another three looms which were narrower at 90″, to allow the production of a greater variety of cloths such as tweed. The same six looms continue to work in the mill today, and are very much part of the Elvet Mill family, even having their own names – Tom, Lady, the Rolls Royce, Rufus, Lizzie and Leona – along with their own personalities, quirks and idiosyncrasies.

The family began producing double cloth for clothing and making travel rugs. They also started producing a quality honeycomb blanket, which was later awarded the Prince of Wales' Shield for Excellence. An on-site shop was opened to cater for the passing tourist trade, with visitors also able to wander round the mill.

Dros y blynyddoedd mae natur y busnes wedi newid ac mae teulu'r Tolputts wedi gorfod addasu'n gyson ar mwyn goroesi – gan ddod o hyd i gwsmeriaid newydd a ffyrdd newydd o weithio yn ogystal. Fel sawl melin arall yn yr ardal daethant i weithio gyda'r Natural Fibre Company yn Llanbed yn ystod y 1990au hwyr, gan dderbyn comisiynau i wehyddu cynnyrch ar ran cynhyrchwyr gwlân a oedd yn cadw bridiau prin. 'Yn amlwg, fe wnaeth hyn ychwanegu dimensiwn arall at y busnes,' meddai Mike. Bu'n rhaid i siop y felin gau, fodd bynnag, yn bennaf oherwydd rheolau iechyd a diogelwch a gofynion hygyrchedd.

Ym mis Mawrth 2005 bu'n rhaid i'r teulu wynebu un o'r cyfnodau mwyaf tywyll ac anodd yn ei hanes, pan fu farw Betty Tolputt. Roedd hi wedi bod wrth galon popeth, gan gynnwys y felin; fyddai bywyd yno byth yr un fath. Fodd bynnag, roedd Mike yn benderfynol o gadw'r felin i fynd er gwaetha'r golled, fel y byddai Betty wedi'i ddymuno.

Heddiw, mae'r felin yn cynhyrchu gorchuddion celfi, blancedi, rygiau teithio, carthenni gwely a nwyddau eraill. Yn eu tyb hwy mae'r ffaith nad ydyn nhw wedi dibynnu ar gwmnïau ac archebion mawr, gan ffafrio yn hytrach nifer o gwsmeriaid bach ac amrywiaeth o gynnyrch, wedi bod yn allweddol i lwyddiant y busnes. Er bod hynny wedi gwneud pethau'n anoddach i'w reoli, o ganlyniad, dydyn nhw erioed wedi bod yn gwbl ddibynnol ar un archeb nac ychwaith ar un cwsmer.

Maen nhw bellach yn gwerthu i adwerthwyr a chyfanwerthwyr, ac maen nhw'n derbyn

Over the years the nature of the business has changed and the Tolputts have had to adapt constantly to survive — finding new customers and new ways of operating. Like several other mills in the area they started working with the Natural Fibre Company in Lampeter during the late 1990s, taking commissions to weave products for wool producers who were keeping rare breeds. 'Obviously, it all added another dimension to the business,' says Mike. The mill shop however has had to close, mainly as a result of health and safety regulations and accessibility requirements.

In March 2005 the Tolputts had to face one of their toughest times when Betty Tolputt passed away. She had of course been at the heart of their life and business at the mill; life there would never be the same. Mike was, however, determined to keep the mill going in her absence, as, indeed, Betty would have wished.

Today, the mill produces throws, blankets, travel rugs, bedspreads and other products. Generally, they believe that the key to their survival has been the fact that they haven't relied on any big companies and big orders, preferring instead to have many smaller customers, and making a variety of products – it has made things more difficult to manage but it has meant that they have not been totally reliant on one order and one customer. They now sell trade to retailers and wholesalers and take commissions. One of the most memorable orders they recall was with Clarks the shoemakers, who wanted to use Elvet's Cranberry Blanket Fabric on one of

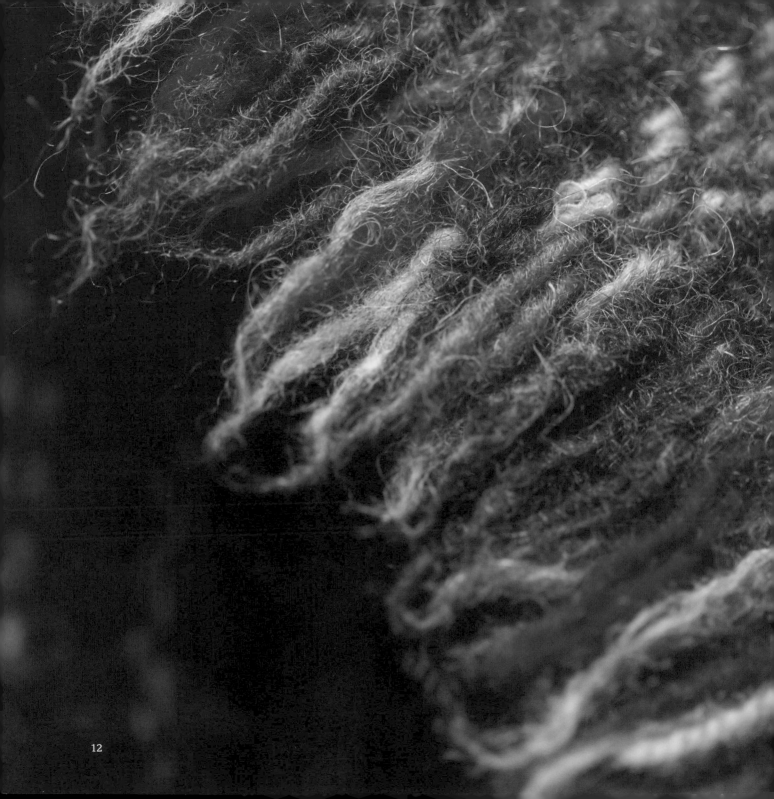

comisiynau. Un o'r archebion sy'n aros yn y cof yw un gan Clarks, y gwneuthurwyr esgidiau, a oedd am ddefnyddio defnydd blanced 'Cranberry' Elfed ar rai o'u hesgidiau i fenywod: 'Roedd e'n rhoi pleser arbennig i weld ein label ni ar bob un pâr a gafodd ei wneud.'

Yn gyffredin â mwyafrif y melinau heddiw, mae'r broses o orffen y defnydd yn cael ei gwneud oddi ar y safle yn Galashiels yn yr Alban, ac mae'r edafedd yn cael ei brynu o'r tu allan. Edafedd gwlân a ddefnyddir, a hynny'n gynnyrch o Brydain fel popeth arall yma. Mae'r egwyddor hwn wedi bod yn allweddol yn y farchnad bresennol, lle mae tarddle nwyddau yn hollbwysig a'r cwsmer yn ymddiddori yn y cynnyrch, o le mae'n dod a sut y'i gwnaed – rhywbeth, yn ôl Mike, sydd wedi newid yn sylweddol ers y dyddiau cynnar pan mai'r pris, yn anad dim, oedd yn poeni cwsmeriaid ar y pryd.

Mae Mike Tolputt, sydd yn ei wythdegau erbyn hyn, wedi goroesi cyfnodau anodd yn y diwydiant ac wedi gweld newidiadau mawr ers iddo gyrraedd Cynwyl Elfed ym 1981. Er nad yw Mike yn gwybod beth fydd yn digwydd i Felin Elfed yn y tymor hir, yn gyffredinol, cred mai nawr yw'r amser i ymuno â'r diwydiant unigryw hwn: 'Rwy'n credu ei fod yn ddiwydiant hynod gyffrous i fod yn rhan ohono ar hyn o bryd. Bydden i'n annog unrhyw berson ifanc i ymuno, rwy wir yn credu bod cymaint o botensial yma.'

A fyddai'n gwneud yr un peth eto, sef symud ei deulu o Swydd Gaint i felin hynafol yng nghanol cefn gwlad Cymru? Heb os nac oni bai.

their ladies' shoe ranges: 'It was particularly lovely to see our label on every pair made.'

As with the majority of the modern-day mills, the finishing of the textiles is done off-site in Galashiels, Scotland, whilst yarn is bought in – always British, as with everything else here. This has been particularly important in today's market where provenance is king and the customer cares about the product's place of origin and how it's been made – something which Mike says has changed considerably from their early days when price was all that mattered to customers.

Mike Tolputt, now in his eighties, has survived some difficult times in the industry and seen big changes since arriving in Cynwyl Elfed in 1981. Whilst Mike doesn't know what will happen to Elvet in the long term, generally he believes that now is a good time to join this unique industry: 'I think it's a very exciting industry to come into now. I'd encourage any young person to come into it, I think there's so much potential here.'

And would he himself do it all again, bringing his family from Kent to take over an ageing old mill in rural Wales? Absolutely.

MELIN WLÂN ELFED

15

ELVET WOOLLEN MILL

MELIN ROCK
ROCK MILL
Capel Dewi

'Ma pethe wedi dod 'nôl i ffasiwn … Ma cylch i bopeth.'

Donald Morgan

Trysor hanesyddol wedi'i leoli ym mhentref bychan Capel Dewi, yng nghanol tirwedd hardd Dyffryn Cletwr, yw Rock Mill. Mae'r felin wedi'i hadeiladu yn y graig uwchben yr afon – Rock Mill yn llythrennol felly – ac ychydig sydd wedi newid yn y gornel fach unigryw honno o Gymru ers y bedwaredd ganrif ar bymtheg. Hyd y gwyddys, hon yw'r felin hynaf yng Nghymru i weithio'n barhaol ar ynni dŵr. Hyd heddiw, gan afon Cletwr, sy'n bwydo afon Teifi, y caiff y felin ei phweru, yn union fel yr oedd hi dros ganrif yn ôl. Mae ymweld â'r felin a chwrdd â'r bedwaredd genhedlaeth o'r un teulu i weithio yma, yn sŵn yr hen beiriannau a rhu'r afon, wrth iddi droi'r olwyn, yn brofiad go arbennig.

Donald Morgan sydd wrth y llyw heddiw. Adeiladwyd y felin gan John Morgan, ei hen dad-cu, ym 1890. Dôi John Morgan o Dre Ioan ger Caerfyrddin yn wreiddiol, ond bu'n gweithio am

'Things have come back into fashion … There's a cycle to everything.'

Donald Morgan

Rock Mill is a historical treasure situated in the small village of Capel Dewi in the heart of the Cletwr Valley. The mill is built into the rock above the river Cletwr – it is quite literally 'Rock' Mill – and very little has changed here in this unique little corner of Wales since the nineteenth century. As far as can be ascertained, this is the last continuously water-driven woollen mill in Wales. The river Cletwr remains the source of power for this mill, exactly as it was over a century ago. Visiting the mill, to meet the fourth generation of the same family to work here, and hearing the clatter of the old machinery, combined with the roar of the river turning the waterwheel all around you, is a very special experience.

Donald Morgan is at the helm today, working in a mill built by his great-grandfather in 1890. John Morgan came originally from Johnstown, Carmarthen, but worked for a period as a foreman

gyfnod fel fforman mewn melin gyfagos, Chestnut Mills. Ffermwyr lleol oedd yn berchen ar y felin honno a phan benderfynon nhw roi'r gorau iddi, cafodd John Morgan y cyfle i'w rhentu. Sut bynnag, ar ôl iddynt fethu cytuno ar y rhent un flwyddyn, penderfynodd John adeiladu ei felin ei hun. Cafodd fenthyg yr arian gan ei fodryb ac aeth ati i godi Rock Mill gyda'r 'Olwyn Fawr' i bweru'r cyfan. Nyddu edafedd yn unig roedd John Morgan, gan gymryd y gwlân o'r ffermydd cyfagos. Ardal a oedd yn frith o felinau gwlân oedd hon, â rhyw ddeg ohonynt yn gweithio ar afon Cletwr ar un adeg. Yn wir, roedd melin arall yn gweithio ym mhentref Capel Dewi yn ogystal â Rock Mill.

Erbyn yr Ail Ryfel Byd, tad-cu Donald, sef William, oedd yn cynnal Rock Mill. Roedd y felin arall a fu yn y pentref, Broneinon, wedi cau, a'r Gwarchodlu Cartref yn ei defnyddio. Ond ar ddiwedd y rhyfel, prynodd William Morgan yr adeilad hwnnw er mwyn dechrau gwehyddu yn ogystal â nyddu. Pan briododd mam a thad Donald – David Tom a Margaret Mary — ehangwyd y busnes ac agorwyd siop ar y safle. Tad Donald oedd yn gyfrifol am redeg y felin ac ar y pryd roeddent yn gwau blancedi a charthenni tapestri. Rôl ei fam oedd gofalu am y siop a'r ymwelwyr a oedd yn cael dod i weld y felin ar waith.

Ar ddiwedd y 1960au, roedd Donald wedi gorffen ei Lefel A yn Ysgol Ramadeg Llandysul ac wedi mynd i Resolfen ger Castell-nedd i weithio i gwmni British Aluminium er mwyn cael ei hyfforddi fel metelydd. Ar ôl rhai blynyddoedd gyda'r cwmni, roedd y safle ar fin cau a chafodd Donald gynnig i symud i weithio iddynt yn Ne

in nearby Chestnut Mills. Local farmers had owned the mill and when they decided to call it a day, John Morgan was given the opportunity to rent the building. One year, after they failed to come to an agreement over the rent, he decided to build his own mill. He was lent the money by his aunt and set about building Rock Mill, with the 'Olwyn Fawr' (Big Wheel) powering it all. John only spun yarn, receiving the wool from the surrounding farms. This area of Wales was once teeming with mills, with around ten working just on the Cletwr, and there was even another mill in existence in Capel Dewi itself.

By the Second World War Donald's grandfather, William, was running Rock Mill. The other mill in the village, Broneinon, had closed and the Home Guard were using the building. At the end of the war, William Morgan purchased Broneinon, enabling them to weave as well as spin yarn. When Donald's parents, David Tom and Margaret Mary, married, the business was expanded and a shop was opened on-site. There was a division of labour: Donald's father was responsible for running the mill, weaving blankets and tapestry carthenni, the thick patterned blankets; while his mother's role was to look after the shop and the visitors who came to see the mill at work.

By the end of the 1960s Donald had finished his A Levels in Llandysul Grammar School and was working for British Aluminium in Resolven, Neath, training as a metallurgist. After he had spent a few years with the company, the site in South Wales was closing and Donald was offered the opportunity to move and work for them in South

Affrica. Ond erbyn hyn roedd ei dad wedi cael trawiad ar y galon a phenderfynodd Donald fynd adref i Gapel Dewi. Dilynodd gwrs tecstilau am flwyddyn yn Trowbridge, ond yn Rock Mill y mae wedi byw a gweithio oddi ar hynny.

Yn y 1970au, a'r diwydiant gwlân yn dawel a melinau'n cau, gwerthwyd adeilad Broneinon a symudwyd rhai o'r gwyddiau i lawr i safle Rock Mill. Mae'r pum gŵydd hynny'n parhau i weithio yn y felin, ac mae'r felin ystofi yn dal yno hefyd. Dan ofal Donald datblygwyd ochr dwristiaeth y busnes yn Rock Mill. Yng nghyfnod ei dad, roedd ymweld â'r felin yn rhad ac am ddim. Dechreuodd Donald ofyn i ymwelwyr roi punt mewn twll yn y wal petaent am fynd i'r felin. Roedd y fenter yn un llwyddiannus, a deuai hyd at saith mil o ymwelwyr atynt bob blwyddyn ar un adeg. Roedden nhw'n marchnata drwy ddefnyddio pamffledi, ac ar ddiwedd y 1980au buddsoddodd Donald mewn arwyddion heol brown i gyfeirio pobl tuag at y felin fach. Doedden nhw ddim yn cynnig teithiau penodol, ond roedd modd i ymwelwyr gerdded o gwmpas y felin yn gwylio'r nwyddau'n cael eu cynhyrchu, cyn ymweld â'r siop ar ddiwedd eu taith.

Am flynyddoedd lawer bu Donald yn gweithio ochr yn ochr â'i dad yn y felin. Yn wir, roedd ei dad yn ei saithdegau pan drosglwyddodd y busnes yn swyddogol i'w fab. Hyd yn oed yr adeg honno, parhaodd David Morgan i weithio yn Rock Mill hyd ddiwedd ei wythdegau. Ychydig flynyddoedd yn ôl yn unig y bu farw, yn naw deg tair blwydd oed. 'Hyd yn o'd pan o'dd e ffaelu dod lawr i weithio yn y felin ei hun roedd e'n gallu bod yn y swyddfa

Africa. But by now, his father had suffered a heart attack and Donald decided to return home to Capel Dewi. His original intention was, nonetheless, to look for a job rather than to work in the mill – this never happened, however. He completed a year's textile course in Trowbridge and he has lived and worked in Rock Mill since.

In the 1970s the woollen industry faced a slump; mills were closing and the Morgans decided to sell the Broneinon building and some of the looms were moved down to the Rock Mill site. Those five looms continue to work in the mill today and the warping mill also remains there. Under Donald's care the mill was further developed as a visitor attraction. During his father's time visiting the mill had been free, but Donald started asking visitors to place a pound in a hole in the wall if they wished to enter the mill. This proved a success and at one point up to seven thousand people were visiting the mill annually. They marketed using leaflets, and at the end of the 1980s Donald invested in brown road signs to direct people towards the little mill. They didn't offer guided tours as such, but visitors were welcome to wander around the mill, watching the produce being made before then visiting the shop.

Donald worked alongside his father for many years. Indeed, his father was in his seventies when he finally officially transferred the business to Donald; even then he continued to work at Rock Mill well into his late eighties. David Morgan passed away just a few years ago at the age of ninety-three: 'Even when he couldn't come to work in the mill itself, he was able to be in the office

yn ateb y ffôn ac yn y blaen,' meddai Donald, ac mae'n amlwg ei fod yn gweld eisiau'r cwmni a'r arbenigedd: 'Dyw e ddim yn gymaint o sbri yn gweithio ar ben eich hun.'

Yn ddiweddar, mae nifer yr ymwelwyr wedi gostwng. Gwêl Donald eu bod yn cystadlu ag atyniadau eraill yn yr ardal erbyn hyn. Dyw'r gostyngiad hwnnw ddim yn ei boeni rhyw lawer, gan ei fod bellach yn canolbwyntio ar ochr fasnachol y busnes yn hytrach nag ar werthu'n uniongyrchol i ymwelwyr. Er hynny, mae'n cyfaddef efallai y byddai'n poeni'n mwy petai un o'i feibion yn bendant a'i fryd ar gymryd ei le yn y felin. Mae Donald yn gweithio heddiw ar ei ben ei hun yn y felin, gan ddefnyddio'r sgiliau traddodiadol sydd wedi eu trosglwyddo o un genhedlaeth i'r llall o fewn y teulu. Mae'n parhau hefyd i greu pethau tebyg i'w dad-cu, ond mae'n eu haddasu i fod yn fwy cyfoes. Mae'r lliwiau'n cael eu newid ac mae'n arbrofi â phatrymau newydd er mwyn gweld beth sy'n gwerthu: *'Trial and error yw hi.'* Blancedi, gorchuddion celfi, carthenni, rygiau, rygiau picnic a sgarffiau y mae'n eu cynhyrchu yn bennaf. Hen batrwm traddodiadol sy'n cael ei ddefnyddio ar gyfer y tapestri. Erbyn hyn mae'n gwerthu'n bennaf i siopau crefftau yng Nghymru, ynghyd ag ambell siop yn Llundain. Yn ddiweddar, mae'r deunydd tapestri hefyd yn cael ei ddefnyddio i wneud pyrsiau sy'n cael eu dosbarthu i Siapan. Ar un adeg bu'n allforio'n uniongyrchol i America a Chanada hefyd.

Er mwyn ateb y galw, mae Donald yn gweithio yn y felin bob dydd. Mae'n parhau i weithio ar yr hen beiriannau gwreiddiol roedd ei gyndeidiau yn

answering the phone and so forth,' says Donald, and it is clear that he continues to miss the company and the expertise: 'It's not as much fun on your own.'

In recent years visitor numbers have dropped – Donald attributes this to the fact that they are now in competition with other attractions in the area. The decrease doesn't unduly concern him, as of late he tends to concentrate on the trade sales rather than direct sales to visitors. He does admit however that it would be of greater concern to him if one of his sons happened to be taking a definite interest in joining the business. Donald works alone at the mill these days, using traditional skills that have been passed from one generation to the next within his family. He continues also to make products that are similar to those produced by his grandfather, albeit adapting them to give them a contemporary twist. Colours are changed and he experiments with new patterns in order to see what will sell: 'It's trial and error.' He uses an old traditional pattern for the tapestry he produces. Blankets, throws, *carthenni*, rugs, picnic rugs and scarves are all produced at Rock Mill today and he sells mainly to craft shops in Wales, along with a few outlets in London. Recently he has used his tapestry fabric to make purses that are distributed to Japan. Over the years he has also exported directly to America and Canada.

Donald works in the mill every day in order to meet demand. He continues to employ the original machinery which his forefathers also used. Yarn for use in the mill's products is now bought

eu defnyddio. Prynu'r edafedd ar gyfer gwehyddu mae Donald erbyn heddiw — ond mae'r mul nyddu a chanddo ddau gan gwerthyd yn dal i weithio, ac mae modd i ymwelwyr ei weld wrth ei waith. Hyd heddiw, yr olwyn ddŵr sy'n cynhyrchu'r pŵer ar gyfer y felin ac mae ei gweld yn troi yn brofiad trawiadol. Olwyn haearn bwrw ddwbl, uwchredol, anghyffredin ydyw, yn ddeuddeg troedfedd o led, ac yn saith troedfedd o uchder. Daeth o waith haearn Bridgend yn Aberteifi pan adeiladwyd y felin, ac mae'n dyst i ddyfeisgarwch John Morgan. Ar un adeg nid y felin yn unig oedd yn ddibynnol arni: 'Credwch neu beidio, hyd at y 60au doedd dim trydan yn y pentref. Hyd hynny roedd postion trydan yn mynd lan yr afon i'r eglwys a'r neuadd ac o'n nhw'n cal trydan o'r felin,' meddai Donald.

Gan ei fod yn gweithio heb gymorth, mae gofyn bod Donald yn gwneud popeth yn y felin, 'o sorto'r offis i dorri'r porfa'. Ond y creu sy'n rhoi'r mwynhad mwyaf iddo, 'Ei weld e ar ôl gorffen. Dydw i ddim wedi cal fy hyfforddi fel dylunydd, dim ond bo' fi wedi gweithio yn y felin. A chi'n meddwl ambell waith, Duw, dyw hwn ddim yn mynd i droi mas yn iawn, ond mae e *yn* troi mas yn iawn yn y pen draw.'

Mae pob elfen o Rock Mill yn ein hatgoffa o oes wahanol, ac i raddau mae Donald wedi byw bywyd tra anarferol o'i gymharu â'r mwyafrif ohonon ni yn yr oes fodern. Yn debyg i bob busnes arall, mae rhwystredigaethau wedi codi, ac mae'r melinydd gwybodus yn ddiymhongar wrth grynhoi ei brofiad o gadw'r felin draddodiadol, arbennig hon yn fyw: 'Dwi wedi magu teulu 'ma. Ac ry'n ni wedi bod yn eitha llwyddiannus i fod yn onest.'

in, but the spinning mule with its remarkable two hundred spindles is still in working order and provides visitors with an insight into the historic methods involved in processing wool. The waterwheel also persists as the mill's power source and it's a remarkable sight. It is an unusual double cast iron overshot waterwheel, twelve foot in diameter and seven foot wide, made by the Bridgend foundry in Cardigan and installed when the mill was built, and is a testament to John Morgan's ingenuity. At one point it wasn't only the mill that was dependent on the wheel: 'Believe it or not, until the 60s there was no electricity in the village. Until then there were electricity posts going up the river to the church and the hall and they would get their power from the mill,' explains Donald.

Since Donald works single-handed he is required to do everything at the mill, 'from sorting the office to cutting the grass'. But it is the process of creating that he still enjoys most: 'Seeing it when it's done. I haven't been trained as a designer, I've just worked in the mill. And I think sometimes, this isn't going to work out right — but it *does* turn out OK in the end.'

Each and every element of Rock Mill is reminiscent of a different age, a lost era, and to a certain extent Donald has led a very unusual existence compared to the majority of us in the modern day. As with all businesses, there have been frustrations and the talented mill owner is modest as he sums up his experience in keeping this special place alive: 'I have raised a family here. And we've been quite successful in all honesty.'

Erbyn hyn mae Donald yn ei chwedegau. Mae ganddo ddau fab, un yn blymar a'r llall yn gweithio yn y cyfryngau. Does yr un ohonynt wedi dangos dyhead mawr i ddychwelyd i Ddyffryn Cletwr i barhau'r busnes, er efallai y gwnaiff hynny newid ryw ddiwrnod. Dywed Donald ei fod yn bwriadu rhoi'r gorau iddi o fewn blwyddyn neu ddwy. Mae'n drist meddwl efallai na fydd yr wybodaeth a'r sgiliau sydd ganddo yn cael eu trosglwyddo i genhedlaeth newydd ac efallai y bydd peiriannau Rock Mill yn tewi ar ôl yr holl flynyddoedd hyn.

Ond mae'n bosibl nad yw Donald cweit yn barod am dawelwch eto, chwaith: 'Fi'n dweud 'mod i'n mynd i ymddeol, ond falle byddwch chi wrthi'n sgrifennu llyfr arall mewn deng mlynedd ac y bydda i yma o hyd.'

Donald is now in his sixties. He has two sons, one a plumber and one who works in the media. Neither has shown a great desire to return to the Vale of Cletwr to continue the work of the mill, although this might of course change. Donald says he will be ready to call it a day within the next year or two. It is sad to think that perhaps all the knowledge and skill he has will not be passed on to a new generation, and that maybe the historic machinery at Rock Mill will fall silent after all these years.

But perhaps Donald isn't quite ready for peace and quiet just yet: 'I talk as if I am going to retire, but perhaps you'll be writing another book in ten years' time and I'll still be here.'

31

GWEHYDDION CURLEW
CURLEW WEAVERS

Rhydlewis

'Rwy'n credu mai ni yw'r unig felin yng Nghymru – os nad yn y Deyrnas Unedig – sy'n arbenigo mewn cael ein comisiynu i wneud pob un cam o'r broses o droi'r cnu yn ddefnydd – sgwrio, cribo, nyddu, gwehyddu a gwnïo. Rwy'n falch iawn o hynny.'

Roger Poulson

'I believe we are the only mill in Wales – if not the UK – specialising in the commissioning of all of the processes from turning fleece to end fabric – scouring, carding, spinning, weaving and sewing. I'm very proud of that.'

Roger Poulson

Mae melin Gwehyddion Curlew ar un o'r heolydd bach cefn prydferth rhwng pentrefi Brongest a Rhydlewis, yng nghanol Ceredigion. Mae'r adeilad digon di-nod yr olwg hwn yn fath o 'dardis' sy'n celu byd cudd lle mae proses alcemaidd ryfeddol yn trawsnewid gwlân o'i ffurf amrwd, seimllyd ac anniben yn ddefnydd hardd.

Roger Poulson sy'n rhedeg Gwehyddion Curlew. Dechreuwyd y busnes gan rieni Roger, Gil a Kay Poulson yn 1961. Bu ei dad yn dymuno ymuno â'r diwydiant gwlân ers rhai blynyddoedd. Yn y lle cyntaf rhentiwyd melin ger Llandysul yng Ngheredigion er mwyn dysgu mwy ac i ystyried p'un a oedd y diwydiant yn eu siwtio mewn gwirionedd. Roedd y profiad yn un cadarnhaol ac aethant amdani. Ar y pryd roedd Gil Poulson,

Curlew Weavers woollen mill is situated on the picturesque back roads between the villages of Brongest and Rhydlewis, in the heart of Ceredigion. The unassuming building alongside the road is a tardis — here is a hidden world where an amazing alchemy happens, and wool is transformed from its raw, greasy, messy state, into beautiful fabric.

Curlew Weavers is run by Roger Poulson. The business was started by Roger's parents, Gil and Kay Poulson in 1961. His father, an engineer, had been interested in joining the woollen industry for some years. Initially, to find out more and to discover whether it really was for them, they rented a mill near Llandysul in Ceredigion for a period. The experience was a positive one and so they decided to embark on a new venture. At the

a oedd yn beiriannydd, yn disgwyl penderfyniad
San Steffan ar Gynllun Hydrodrydanol Cwm
Rheidol, ac argae Nant-y-moch. Yn y cyfamser felly,
penderfynodd y ddau rentu hen sied reilffordd yn
Aberdyfi, lle roedd mam Roger wedi cael ei magu,
a dyna ddechrau Gwehyddion Curlew: 'Bryd hynny
roedden nhw'n lliwio, cribo, nyddu a gwehyddu …
menter sylweddol.' Wedi i gynllun Rheidol dderbyn
y golau gwyrdd, bu Gil Poulson yn gweithio arno
fel peiriannydd, ochr yn ochr â'r busnes newydd,
ynghyd â mam Roger a'i frawd hŷn, Gareth (a
fyddai wedyn yn priodi, symud i ffwrdd a rhedeg
melin yn yr Alban).

Ym 1965 symudodd y Poulsons i lawr yr
arfordir gan brynu tyddyn ar gyrion Rhydlewis.
Dyma leoliad Gwehyddion Curlew hyd heddiw.
Daeth adeiladau allanol traddodiadol y fferm
yn gartref i beiriannau'r felin. Erbyn hyn, roedd
Gil yn gweithio'n llawn amser yn y felin, ond er
hynny, penderfynwyd rhoi'r gorau i liwio, cribo
a nyddu a chanolbwyntio ar y gwehyddu: 'Doedd
'na ddim lle yma a gan fod nifer o felinau eraill yn
arbenigo mewn cribo a nyddu dan warant, roedd
yn gwneud mwy o synnwyr.'

Rhannai rhieni Roger waith y busnes
rhyngddynt. Gil oedd yn canolbwyntio ar y
prosesau technegol wrth i'w wraig ymwneud â'r
elfennau mwy creadigol. Roedden nhw'n creu
amryw o ffabrigau a chynnyrch fel blancedi picnic
a dechreuon nhw hefyd wneud dillad gorffenedig,
er eu bod yn y cyfnod hwnnw yn defnyddio cwmni
yn Llundain i wneud y gwaith gwnïo.

Drwy gydol ei blentyndod bu Roger yn helpu
yn y busnes yn ystod y gwyliau ac roedd yn edrych

time, Gil Poulson was waiting to hear whether the
Rheidol Hydroelectric Scheme and the construction
of Nant-y-moch Reservoir would be given the go-
ahead by Parliament. In the meantime, the couple
rented an old railway shed in Aberdyfi, where
Roger's mother had grown up, and started Curlew
Weavers. 'At that point they were dyeing, carding,
spinning and weaving, a huge undertaking,' says
Roger. When the Rheidol Hydroelectric Scheme
was given the green light, Gil Poulson worked
on the project as an engineer alongside the new
business, with Roger's mother and eldest brother,
Gareth (who would later marry and leave to run a
mill in Scotland).

In 1965, the Poulsons decided to make the
move down the coast to West Wales and found
a smallholding on the outskirts of Rhydlewis
(where they are still based today), with Gil now
dedicating his whole time to the mill. The family
used the small farm's traditional outbuildings
to house the machinery and it was at this point
that they decided to give up dyeing, carding and
spinning and to concentrate on the weaving: 'They
hadn't the space here and as lots of mills were
specialising in commission carding and spinning,
it made more sense.'

Roger's mother and father took on different
roles within the business, with his father focusing
on the technical processes and his mother the
more creative elements. They produced a variety
of fabric and products such as picnic blankets
and also started producing completed garments,
although in the early days they outsourced the
sewing to a company in London.

ymlaen at ymuno â'r diwydiant tecstilau pan fyddai'n gadael yr ysgol. Fodd bynnag, roedd ei fam yn awyddus iddo ehangu ei orwelion. Felly, er iddo fynd i astudio tecstilau mewn coleg yn Dewsbury, Swydd Efrog, y bwriad oedd iddo deithio ar ôl gadael, yn gyntaf i America i ddysgu am fusnes ac yna i Wlad Thai er mwyn dysgu mwy am decstilau a lliwiau. Yn drist iawn, fodd bynnag, bu farw ei dad yn sydyn ym 1969 ac er gwaethaf dymuniad ei fam iddo weld y byd, penderfynodd Roger ddod adref i ymuno â hi yn y busnes.

Datblygodd y felin dan ofal Kay a Roger a maes o law, symudwyd popeth i adeilad pwrpasol, mwy o faint ychydig lathenni i ffwrdd. Rhoddodd hynny gyfle iddynt ymgymryd â gwnïo'u dillad ar y safle yn hytrach na'u hanfon i ffwrdd. Erbyn y 1970au roeddent yn cyflogi tua phymtheg o weithwyr. Roedd siop y felin hefyd yn boblogaidd ac yn denu nifer o ymwelwyr. Ac yn wir, ym 1983 cawsant westai brenhinol pan ddaeth y Dywysoges Diana i'r felin, gan greu cryn fwrlwm yn lleol.

Y tu hwnt i'r felin, fodd bynnag, roedd cyfnod anodd ar y gorwel. Ym 1993, dioddefodd Jennifer, gwraig Roger, afiechyd difrifol a gwanychol ac o hynny allan, byddai angen gofal cyson arni. Ar Roger y byddai'r cyfrifoldeb o ofalu amdani hi, ei fab ifanc a'i lysfab. Â'r fath rwymedigaeth, roedd datblygu'r busnes ymhellach yn anodd: 'Fe wnes i fwy i ddenu ymwelwyr yma ar yr adeg honno gan fod angen i fi fod adre, ac roedd hynny'n fy siwtio.'

Throughout his childhood, Roger helped in the business during the holidays and he was eager to join the textile industry on leaving school. His mother, nonetheless, was keen that he should see the world and so, whilst he studied textiles in college in Dewsbury, Yorkshire, the intention was that he would then travel, first to America to learn about business, and then to Thailand to learn about textiles and colours. Sadly however, Roger's father died suddenly in 1969, and whilst his mother still wanted him to spread his wings, Roger decided to come home to join her in the business.

Curlew Weavers developed under Kay and Roger's care and the mill was moved to a larger, purpose-built building just up the road from the farm. They started to sew their garments in-house rather than sending them away, and in the 1970s they had around fifteen employees. The on-site shop also proved popular, attracting many visitors. And indeed, in 1983 they had a royal guest when Diana, Princess of Wales visited the mill, causing quite a stir locally.

Away from the mill however there were difficult times on the horizon, when, in 1993, Roger's wife, Jennifer, suffered a serious and debilitating illness which meant that she needed constant care, which required Roger to look after her, their young son and his stepson. With such responsibilities, further developing the business was difficult: 'I promoted it mostly to visitors at that time since I needed to be at home and it suited me.'

Ym 1998 dechreuodd pethau newid yn y busnes pan ddaeth bridwyr defaid prin, tyddynwyr a chrefftwyr, a oedd yn cael eu hesgusodi rhag anfon eu gwlân at y Bwrdd Marchnata Gwlân, atynt yn edrych am ffyrdd amgen o ddefnyddio a marchnata eu gwlân. Yn raddol, cynyddodd nifer y bridwyr a oedd yn comisiynu Gwehyddion Curlew i wehyddu cynnyrch ar eu cyfer. Tua'r un adeg, dechreuodd Roger weithio hefyd gyda'r Natural Fibre Company yn Llanbed a oedd yn arbenigo mewn cribo a nyddu gwlân o'r bridiau prin a thraddodiadol.

Oherwydd twf yn y diddordeb mewn bridio a chadw defaid prin, roedd mwyfwy o alw am sgiliau Gwehyddion Curlew. Yn y man, holodd rheolwraig y Natural Fibre Company a fyddai Roger hefyd â diddordeb mewn cymryd gwlân amrwd ar gyfer cribo a nyddu. Sylweddolai hi fod angen iddi ehangu ei chyfleusterau er mwyn ateb y galw cynyddol ar ei busnes, ond teimlai ei bod yn rhy hen i ymgymryd â'r gwaith ei hun. Bu angen i Roger ystyried y peth yn ofalus iawn am gryn amser oherwydd gwyddai y byddai gofyn iddo fuddsoddi'n sylweddol yn y felin: 'Roedd fy ngwraig wedi bod yn dost gyhyd ac roedd pethau heb symud ymlaen. Teimlwn mai dyna'r amser i fynd â'r busnes ymhellach, neu fydden ni byth yn ei wneud, a phenderfynais fynd amdani.'

Felly, dychwelodd melin Gwehyddion Curlew at brosesu gwlân o'r ddafad i'r defnydd fel y gwnaeth yn ei dyddiau cynnar. Roedd rhaid iddynt ehangu ac ailwampio'r safle a phrynu peiriannau newydd. Daliodd cyflwr Jennifer, gwraig Roger, i waethygu, ac yn 2004 er mawr dristwch, bu farw. O achos hyn cymerodd y datblygiadau i'r busnes yn hwy

In 1998, however, things started to shift in the business when they were approached by rare sheep breeders, smallholders and craft producers who were exempt from sending their wool to the Wool Marketing Board and who wanted to find an alternative way of using and marketing their wool. Gradually, more and more breeders started commissioning Curlew Weavers to weave items for them, and Roger also started working with the Natural Fibre Company in Lampeter which was specialising in carding and spinning wool from rare and traditional sheep breeds.

With a resurgence in interest in breeding these types of sheep, there was an increasing demand for their skills. Roger was approached by the lady who ran the Natural Fibre Company asking whether he too would be interested in taking in raw wool for carding and spinning — she would need to expand her facilities in order to cope with the increased demand on her business, but felt that she was too old to be in a position to do that. Roger considered the offer very carefully for some time as it would require considerable investment on the Curlew Weavers site: 'My wife had been poorly for such a long time and things had been on hold, and I felt it was now or never to move the business on, so I decided to make the investment and go for it.'

And so Curlew Weavers would return to doing what it had done in the very earliest days of the business in Aberdyfi, taking wool through every stage from fleece to fabric. The mill had to be expanded and refurbished and new machinery was sourced. But in addition, Roger's wife, Jennifer's condition continued to deteriorate and

na'r disgwyl. Rhwng popeth, roedd yn orchwyl enfawr i Roger a hynny dan amgylchiadau personol anodd. Bryd hynny hefyd, roedd llawer yn gweld bod y diwydiant gwlân yn dioddef ac yn crebachu. Cofia Roger fod nifer fawr o bobl – rhai o fewn y diwydiant, a rhai y tu hwnt iddo – yn amheus iawn o'r hyn roedd yn ei wneud: 'Rwy'n cofio un ymwelydd yn dweud wrtha i, "O, chi'n credu bod 'na ddyfodol i'r diwydiant, 'te?" a meddyliais i, wel, ydw, neu pam fyddwn i'n gwneud hyn!'

Ond roedd Roger yn llygad ei le ac mae'r gwasanaeth unigryw y mae'n ei gynnig yn Gwehyddion Curlew heddiw yn sicrhau eu bod yn hynod brysur, gyda gwlân yn cyrraedd o bob cwr o Brydain; o Aberaeron i'r Alban. Mae'r adeilad ei hun, lle mae'r gwaith yn digwydd, yn debyg i ogof fawr, ac yn gartref i stafell sgwrio, stafell gymysgu, ardal gribo â set gribo, ardal nyddu â pheiriant nyddu ffrâm gron, peirianwaith weindio ategol, ynghyd â'r ardaloedd gwehyddu a gwnïo.

Mae Roger yn ymfalchïo yn y ffaith ei fod yn gweithio mewn dull personol iawn gyda'r cynhyrchwyr gwlân sydd yn dod ato, gan drafod eu hanghenion fesul un ac un. Er ei fod yn derbyn lleiafswm o bump ar hugain cilogram o wlân, mae'n cydweithio â nhw i greu cynnyrch sy'n ateb eu gofyn, gan efallai ychwanegu gwlân arall at yr archeb. Bydd llawer o'i gwsmeriaid yn gwerthu'r cynnyrch mewn ffeiriau crefftau a marchnadoedd bychain eraill, ac mae Roger wedi darganfod bod y gallu i gynnig gwasanaeth sy'n troi'r defnydd yn gynnyrch gorffenedig yn gwneud byd o wahaniaeth i'r busnes. Yn anad dim, mae'n gweld bod y gwasanaeth unigol y mae'n ei gynnig yn

in 2004 she very sadly passed away. It meant that the developments took longer to complete than Roger had originally planned. All in all it was an enormous undertaking, at a difficult time personally and at a time when the woollen industry as a whole was seen by many to be struggling. Roger remembers that a lot of people – both within the industry and outside it – were extremely sceptical about what he was doing: 'I recall one visitor saying to me, "Oh, so you think there's a future in the industry, then?" and I thought well, yes, otherwise why would I be doing this!'

But Roger's instinct was spot on and the unique service offered at Curlew Weavers today means that they are very busy, with wool arriving from all over the country, from Aberaeron to Scotland. The building is like a big cave, housing a scouring room, blending room, carding area with carding set, spinning area with a ring frame spinning machine, ancillary winding machinery, as well as the weaving and sewing areas.

Roger prides himself in working in a very individual manner and he discusses his wool producers' requirements with them on a one-to-one basis. Whilst he takes a minimum of twenty-five kg of wool, he will work with them to create a product that meets their needs, perhaps adding other wool to supplement the customer's. Many will sell their products in craft fairs and other small markets, and he has found that being able to offer a service where fabric is made up into completed end products makes all the difference. Above all, he believes that this individual service

gwbl allweddol er mwyn denu cwsmeriaid yn ôl dro ar ôl tro: 'Pan fydd pobl yn dod aton ni y tro cyntaf, yn aml dydyn nhw ddim yn gwybod beth sydd ei angen arnynt. Mae cymryd yr amser i weithio rhywbeth mas yn gwneud gwahaniaeth – achos os ydyn nhw wedyn yn mynd allan a gwerthu'r cynnyrch ac mae pethau'n mynd yn dda, fe ddown nhw yn ôl atoch chi, a hynny gydag archeb fwy yn aml. Dyna sut rwy i wedi adeiladu'r busnes.'

Yn ogystal â'r gwaith comisiwn, mae Roger yn parhau i greu ystod o gynnyrch ei hun – gorchuddion celfi, rygiau teithio, llieiniau bwrdd, carthenni gwely, siolau, sgarffiau a dillad eraill fel sgertiau, clogynnau a chotiau – gan gyfanwerthu a gwerthu yn y siop, sydd yn dal yn agored ar y safle.

Pan fo angen, mae mab Roger, Ceri, hefyd yn rhoi help llaw yn y busnes. Mae'n gwasanaethu gyda'r Llu Awyr Brenhinol yn Sain Tathan ar hyn o bryd – er ei bod yn bosibl y bydd yn dychwelyd at ei gartre, a'r felin yn y dyfodol. 'Mae'n anodd fodd bynnag,' meddai Roger, 'gadael swydd sy'n talu'n dda a dod 'nôl i fod yn rhan o fusnes teuluol mewn diwydiant sydd ddim wastad yn gyson a diogel. Ond mae ei galon yng ngorllewin Cymru, felly gobeithio rhyw ddiwrnod y bydd pethau'n gweithio allan. Ond fydda i byth yn ei wthio.'

Mae Roger yn gadarnhaol am y dyfodol. Erbyn hyn, mae'n gweithio ochr yn ochr â'i ail wraig, Linda, er mai gwaith fel gofalydd yw ei phrif swydd. Yn sicr, mae Roger wedi gweld amseroedd anodd, ar lefel bersonol ac o fewn y busnes, ac mae wedi gweld newidiadau enfawr yn y diwydiant yn ystod y deugain mlynedd diwethaf, er enghraifft o ran arferion cwsmeriaid, ffasiynau a dychweliad

works well in terms of bringing people back time and time again: 'When people first come to us they often don't really know what they want or what's needed. Taking the time with them to work something out can make all the difference – because if they then go out and sell those products and things go well, they'll come back to you again, often with a bigger order. That's how I've built up the business.'

In addition to the commission work, Roger continues to produce his own range of woollen products – throws, travel rugs, tablecloths, bedspreads, blankets, shawls, scarves and other garments such as skirts, capes and coats – selling them both wholesale and in the shop which is still open on-site.

Roger's son Ceri has been involved with the business and helps out as needed. He's currently serving in the RAF in St Athan – although he might at some point return home, and to the mill: 'It's hard though, leaving a good, well paid job and coming back to rural Wales to be involved in a family business in an industry that isn't always secure. But his heart is in West Wales, so hopefully one day it will work out. I'll never push him though.'

As to the future, Roger is positive. He now works alongside his second wife, Linda, although her main work is as a carer. Certainly there have been hard times, both personally and on a business level and he has seen huge shifts in the industry over the forty years he has been a part of it. Consumer habits and fashions have changed and traditional sheep breeds have made a comeback.

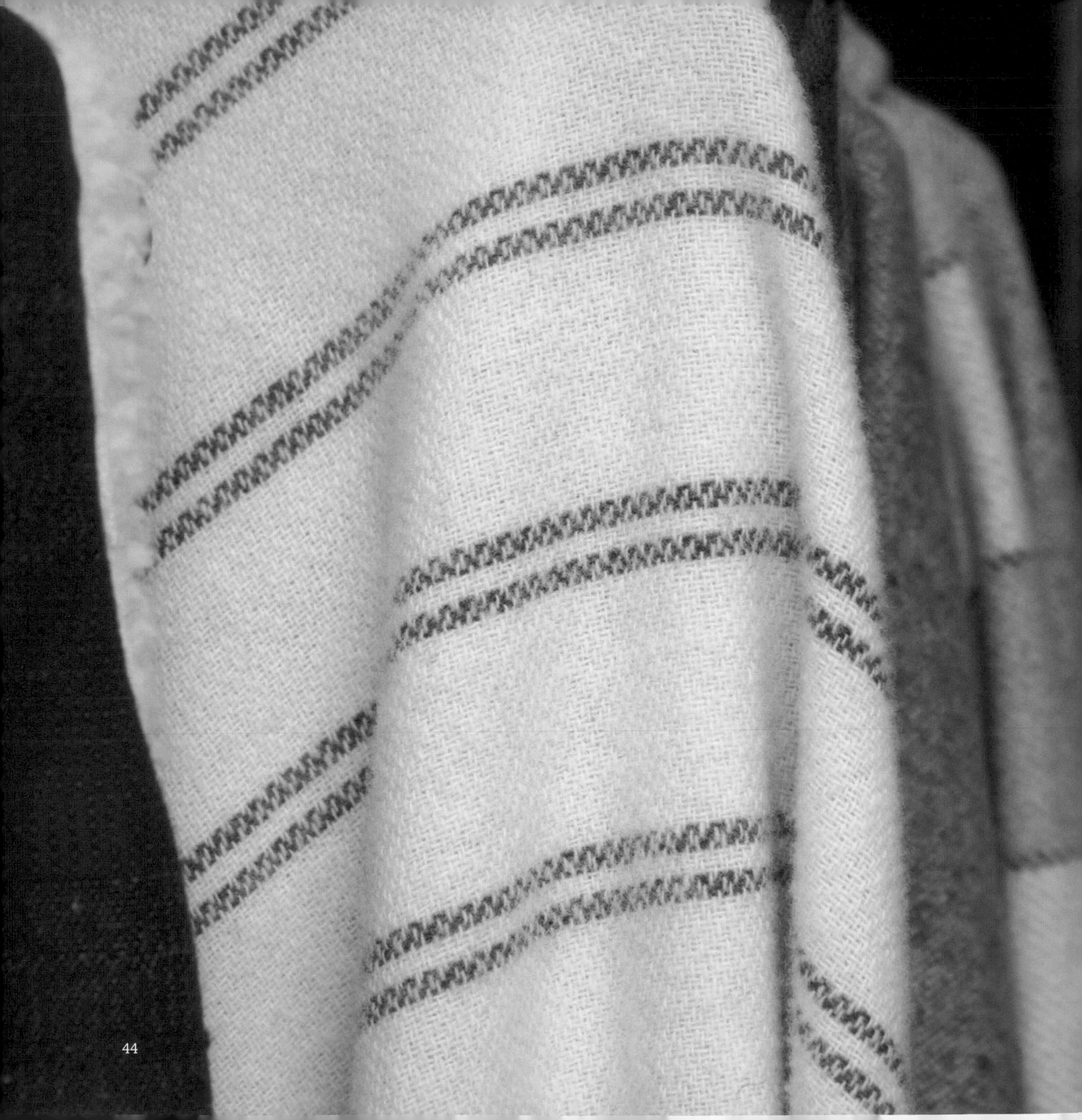

bridiau defaid traddodiadol. Mae wedi rheoli a goruchwylio newidiadau mawr yn ei fusnes ef ei hun wrth iddynt orfod ymateb i'r farchnad a'r cyfleoedd a oedd ar gael. Ond nid goroesi yn unig yw hanes Gwehyddion Curlew – maen nhw wedi ennill gwobrau a chwsmeriaid nodedig ar hyd y ffordd. Enillwyd tair gwobr Tywysog Cymru ganddynt, ac mae cynnyrch y felin wedi cael ei ddefnyddio ar y *QE2*, yn 11 Stryd Downing ac yn y Swyddfa Gymreig.

Heddiw, mae Roger yn dal i fwynhau'r ffaith ei fod yn anodd rhagweld pa ymholiad a ddaw pan fydd y ffôn yn canu: 'Yr hyn sy'n fy nghyffroi yw amrywiaeth y gwaith. Yn wir, yr wythnos hon ces i alwad yn holi am greu defnydd ar gyfer seddi tractorau Ford sy'n cael eu hadnewyddu. Mae'n sialens newydd unwaith yn rhagor.'

He has managed and overseen big changes in his own business as it has had to respond to the market and the opportunities available. But Curlew Weavers has done more than just survive, winning awards and notable customers along the way. For example, they have won three Prince of Wales awards, and their products have been used on the *QE2*, in 11 Downing Street and in the Welsh Office.

Today, Roger still enjoys the fact that he never quite knows what sort of enquiry will emerge when the phone rings: 'What excites me is the different type of work I get to do. Only this week I had a phonecall asking about creating a fabric for the seats of old Ford tractors that are being restored. It's yet another new challenge.'

MELIN WLÂN SOLFACH
SOLVA WOOLLEN MILL

Felinganol

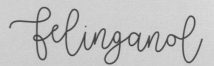

'Rwy'n credu'n bod ni'n freintiedig iawn. Ychydig iawn o swyddi heddiw sy'n caniatáu i chi ddilyn y cynnyrch o'r dechrau i'r diwedd, ei greu eich hunan a hefyd ei roi yn llaw'r cwsmer.'

Anna Grime

'I think we're very privileged. There aren't many jobs these days where you see a product through from start to finish, to actually make it yourself and be the one to hand it over to the customer.'

Anna Grime

Melin Wlân Solfach yw'r felin weithredol hynaf yn Sir Benfro ac erbyn hyn dyma'r unig felin yng Nghymru sy'n arbenigo mewn cynhyrchu carpedi a rygiau llawr gwead fflat. Mae sgiliau a dulliau traddodiadol yn ganolog i ethos y busnes teuluol llewyrchus hwn, sy'n cael ei gynnal gan ŵr a gwraig, Tom ac Anna Grime.

Mae Melin Wlân Solfach wedi'i lleoli ym mhentref bychan Felinganol, i fyny'r cwm o Solfach. Cyfeiria enw'r pentref nid at y felin wlân, ond at felin ŷd lawer hŷn. Erbyn y 1830au, fodd bynnag, roedd dwy ar bymtheg o felinau gwlân yn bodoli yng nghyffiniau Tyddewi. Ar yr adeg honno, roedd Felinganol wrth galon diwydiant tecstilau prysur ac roedd yn datblygu'n bentref lled-ddiwydiannol, a chanddo gapel, tafarn a chwarel a oedd yn cyflogi tri deg o bobl.

Solva is the oldest working woollen mill in Pembrokeshire and is by now the only mill in Wales specialising in producing flat weave carpets, rugs and runners. Traditional skills and tools are central to the ethos of this thriving family business, run by husband and wife, Tom and Anna Grime.

Solva Mill is located in the small village of Middle Mill, upstream from the beautiful Pembrokeshire harbour town of Solva. Middle Mill, lying on the banks of the river Solfach, actually derives its name not from the woollen mill, but from the much older corn mill in the village. However, by the 1830s there were seventeen woollen mills in the environs of St David's. During the nineteenth century Middle Mill was surrounded by a thriving textile industry

Cafodd y felin bresennol ei sefydlu ym 1907 gan Tom Griffiths. Bu ei dad ef yn berchen ar felin yn Nhyddewi am ryw dri deg o flynyddoedd, ond penderfynodd Tom symud y gwaith i Felinganol gan fod y cyflenwad dŵr yno'n fwy dibynadwy. Adeiladodd ffatri bwrpasol gydag olwyn ddŵr uwchredol, ddeng troedfedd o faint i'w phweru, medrai gwblhau pob cam o'r broses o'r cnu i'r defnydd. Roedd y broses o orffen brethyn yn cael ei gwneud ar safle arall yn wreiddiol, cyn i Tom Griffiths fuddsoddi hefyd mewn peiriant pannu. Roedd y felin yn cynhyrchu *tweeds*, gwlanen, blancedi, carpedi grisiau wedi eu gweu â llaw a hefyd wlân ar gyfer gwau, gan eu gwerthu yn lleol a thu hwnt. Ym 1929 cafodd y Prif Weinidog, Ramsay MacDonald, siwt wedi'i gwneud o ddefnydd *tweed* Felinganol.

Wedi i Tom Griffiths ymddeol ym 1950 cymerodd ei ferch, Betty, ynghyd â'i gwr, Eric Hemmingway, yr awenau. Cyfarfu Eric a Betty yn ystod yr Ail Ryfel Byd tra oedd ef yn gwasanaethu yn Nhyddewi. Un o Swydd Efrog yn wreiddiol oedd Eric, ac roedd ganddo gefndir yn y diwydiant gwlân gan iddo gael ei hyfforddi i gydweddu lliwiau mewn cwmni nyddu. Sylweddolodd Eric fod marchnad ar gyfer gwneud a ffitio carpedi a datblygodd ystod o nwyddau llawr ar gyfer y felin. Ehangodd ef a Betty'r felin hefyd, gan ddod â gwyddiau mwy o faint a gosod injan danwydd olew yn lle'r olwyn ddŵr. Maes o law, byddai dyfodiad rheolau iechyd a diogelwch llymach yn arwain at benderfyniad i orffen cribo a nyddu ar y safle – gwelodd Eric y byddai'n fwy effeithiol o ran cost i brynu edafedd a oedd wedi'i nyddu a'i liwio'n

and was developing into a semi-industrial village, with a chapel, a public house and a quarry employing thirty men.

The present day mill was established in 1907 by Tom Griffiths. Tom Griffiths' father had a mill in St David's for over thirty years but Tom himself moved production to Middle Mill as it had a better water supply. The purpose-built factory was powered by a 10ft overshot waterwheel and was able to take the process from fleece to fabric. Finishing was originally done off site, but then Tom Griffiths also invested in obtaining his own fulling machine. The mill produced tweeds, flannel, blankets, hand-woven stair carpets and wool for knitting, selling locally and further afield. In 1929 the then Prime Minister, Ramsay MacDonald, had a suit woven from Middle Mill tweed.

When Tom retired in 1950 the mill was taken over by his daughter, Betty, and her Yorkshireman husband, Eric Hemmingway. Betty and Eric met whilst he was stationed in St David's during the war, but his background had been in the woollen industry, having trained as a colour matcher in a Yorkshire spinning firm. Eric recognised the market for making and fitting carpets and enhanced the mill's production of flooring. He and Betty also expanded the factory, re-equipping it with larger looms and replacing the waterwheel with an oil-fired engine. In time, the introduction of tighter health and safety regulations would lead to them abandoning carding and spinning on site, with Eric deciding that it would be more cost-effective to buy in ready spun and dyed yarn.

barod. Yn ogystal, fe drosglwyddwyd y broses o orffen y brethyn oddi ar y safle unwaith eto, fel ag yr oedd ar y cychwyn cyntaf o dan Tom. Erbyn y 1970au, prif ffocws y busnes oedd carpedi ac roedd ganddynt siop yn Nhyddewi hefyd, yn cyflenwi'r diwydiant twristiaeth.

Yn y 1980au dechreuodd Eric a Betty arafu pethau ychydig, gan baratoi ar gyfer ymddeol. Roedd y teulu Grime o Hampshire wedi bod yn ymweld â Sir Benfro yn rheolaidd fel mae Tom Grime yn ei egluro: 'Ro'n ni wedi arfer dod ar wyliau i'r ardal a bydden ni'n dod i ymweld ag "Anti" Betty ac Eric bob tro. Roedd cysylltiad teuluol a dweud y gwir, gan fod fy nhad-cu wedi mynd i'r ysgol gydag un o frodyr Betty yn Nhyddewi. Sonion nhw wrth fy rhieni am y ffaith eu bod nhw'n meddwl gwerthu.' Ar y pryd, roedd tad Tom, Robert Grime, a oedd yn beiriannydd, yn chwilio am newid yn ei yrfa. Roedd ef a'i wraig, Cynthia, wedi ystyried rhedeg y felin unwaith yn y gorffennol pan gafodd Eric ei anafu mewn damwain car ddifrifol yn y 1970au; y tro hwn roedd y cyfle i'w weld yn un perffaith.

Felly, ym 1986 cafodd Melin Wlân Solfach ei gwerthu i'r teulu Grime. Tom, a oedd yn ei arddegau ar y pryd, a newydd orffen ysgol, oedd y cyntaf o'r teulu i symud i Sir Benfro: 'Ro'n i'n grwt deunaw mlwydd oed a fyddai wedi derbyn unrhyw esgus i orffen astudio ar gyfer ei Lefelau A a gadael yr ysgol, felly wnes i fachu ar y cyfle.' Doedd gan neb yn y teulu brofiad blaenorol o weithio mewn melin wlân nac ychwaith o redeg melin ac roedd hi'n fedydd tân. Er hynny, roedd Tom yn awyddus i ddysgu. Arhosodd Eric fel ymgynghorydd am

Finishing was also transferred off site, as it had been originally. By the 1970s the main focus of the business was carpeting and they also had a shop in St David's catering for the tourist trade.

By the 1980s Eric and Betty were winding down the business, keeping things ticking over whilst looking to retire. The Grime family from Hampshire were regular visitors to the area as Tom Grime explains: 'We used to come on holiday to this area and would always visit the mill to see "Auntie" Betty and Eric. There was actually a family connection since my grandfather had also gone to school with one of Betty's brothers in St David's. They were looking to sell, and mentioned this to my parents.' Robert Grime, Tom's father, was an engineer looking for a change of career — he and wife Cynthia had previously considered running the mill when Eric had been involved in a bad car accident in the 1970s; this time, the opportunity seemed like the perfect one.

So, in 1986 Solva Woollen Mill was sold to the Grime family. It was actually Tom, then a teenager straight from school, who initially moved down to Pembrokeshire: 'I was an eighteen-year-old who would have taken any excuse to finish studying for my A-levels and leave school, so I leapt at the chance.' With no previous experience of working in, or running a woollen mill, the Grimes were in at the deep end. However, Tom was eager to learn, and Eric stayed on as a consultant before retiring completely, passing on his considerable knowledge and many years of experience, albeit

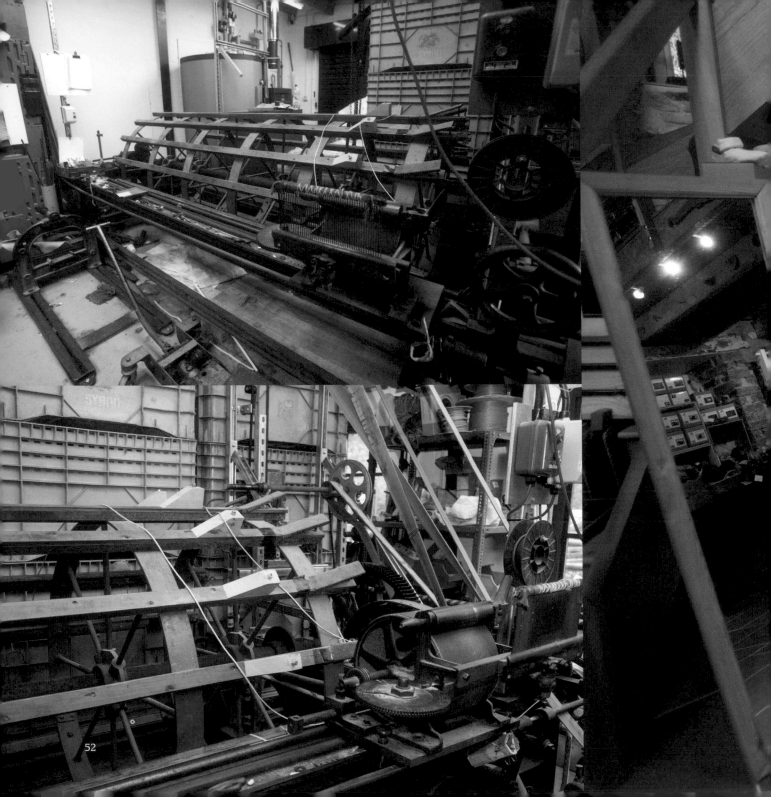

ychydig cyn ymddeol yn llwyr, gan drosglwyddo ei wybodaeth helaeth a'i flynyddoedd o brofiad i Tom o fewn cwta chwe mis yn unig. Roedd cyfleusterau'r felin yn sylfaenol iawn ar y pryd: 'Doedd dim dŵr o'r prif gyflenwad pan ddaethon ni yma, na dim ffôn chwaith. Roedd e'n ffolineb llwyr wrth edrych 'nôl.'

Ond roedd Cynthia, Robert a Tom yn benderfynol o ddiogelu ansawdd y cynnyrch ac enw da'r felin am greu deunydd o safon. Fe wnaethant barhau i weithio gyda chwsmeriaid Eric a Betty ar y dechrau, gan gynnal y busnes mewn modd tebyg iawn i'r perchnogion blaenorol. Yn ôl Tom, nid y manion ynghylch sut i drin gwlân oedd y peth anoddaf iddynt ar y cychwyn. Parhaodd y teulu ag arbenigedd y felin, sef cynhyrchu carpedi a rygiau llawr, ac yn hynny o beth, roedd modd canolbwyntio ar ddysgu'r sgiliau penodol a oedd ynghlwm wrth y prosesau hynny. Mwy o her o lawer iddynt oedd sut i redeg busnes: 'Doedd ganddon ni ddim profiad o redeg busnes, a'r ochr honno i bethau oedd yn anoddaf, nid y gwehyddu.' Dros y blynyddoedd, fodd bynnag, adeiladodd y teulu'r busnes o ran nifer y cwsmeriaid a phrynu gwyddiau ychwanegol. Aethant ati hefyd i adnewyddu'r hen adeiladau, gan newid rhan o'r hen felin yn ystafell de, a chafodd maes parcio newydd a phont droed dros yr afon eu hadeiladu er mwyn denu mwy o ymwelwyr i'r safle.

Yn 2006, daeth Tom yn bennaeth ar y busnes a dechreuodd ei wraig Anna weithio yno'n rhan-amser. Y flwyddyn ganlynol cafodd yr olwyn ddŵr ei hadnewyddu a'i hail-leoli i'w safle gwreiddiol. Roedd hi wedi bod yn segur ers 1949 ac mae Tom

in just six months. The conditions at the mill were very basic: 'There was no mains water when we moved in and no telephone either. It was madness, looking back.'

But Cynthia, Robert and Tom were determined to maintain the reputation that the mill had established for producing quality woven goods. They took over Eric and Betty's customers and ran it very much as they had done initially. According to Tom, it wasn't the mechanics of wool production that they found most difficult. The family continued the mill's specialisation in producing woven carpets and could focus their energies on honing the specific set of skills required for that. However, learning how to run a business was another matter: 'We had no experience of business and it was that side of things that we found toughest, not the weaving.' Nevertheless, over the years the family built up their customer base and purchased further looms. They also refurbished the old buildings, converting part of the old mill into a tea room, and constructed a larger car park, with a footbridge over the river, in order to attract more visitors to the site.

In 2006 Tom took over the business from his parents, and his wife Anna started working at the mill part-time. The following year, to mark the mill's centenary, they oversaw the renovation and relocation of the historical waterwheel to its original location. It had been out of use and discarded since 1949 — Tom calls its restoration a 'labour of love'. Not long after this, Anna joined the business in a full-time capacity. Originally

yn galw'r gwaith adnewyddu yn 'llafur cariad'. Ychydig ar ôl hynny, ymunodd Anna â'r busnes yn llawn-amser. Yn wreiddiol o Ganolbarth Lloegr, roedd hi wedi bod yn gweithio fel ymarferydd nyrsio mewn meddygfa leol: 'Ces i real sioc pan ddechreues i yn y felin. Ro'n i wedi dod o fyd lle roedd protocolau neu ganllawiau i'w dilyn. Yn y felin, doedd dim rheolau, ro'ch chi jyst yn dysgu wrth fynd ymlaen ac fe gymerodd hi gryn dipyn o amser i mi gyfarwyddo â hynny.'

Erbyn hyn, mae rolau'r ddau wedi esblygu mewn ffordd hollol naturiol i gymryd cyfrifoldeb am wahanol agweddau ar redeg y felin. Mae Tom yn goruchwylio'r gwehyddu ar yr ochr gynhyrchu, tra bo Anna yn canolbwyntio ar y manwerthu, y marchnata a datblygu'r busnes. Ar garpedi, rygiau a *runners* mae ffocws y cynhyrchu o hyd, gan gyfanwerthu, cymryd comisiynau a hefyd werthu'n uniongyrchol i gwsmeriaid. Gall cwsmeriaid fynd atynt i ofyn am rywbeth hollol unigryw ac mae'n bosibl iddynt ddylunio cynllun eu hunain hyd yn oed, gan amlaf gyda help y tîm yn Solfach. Cydweithia Tom yn agos â dau aelod o staff yn y sied wehyddu – yn rhyfedd iawn, Tom ac Anna yw eu henwau nhw hefyd – gan ddefnyddio hen wyddiau Dobcross traddodiadol Hutchinson and Hollingworth o'r bedwaredd ganrif ar bymtheg. Cathod y felin, Heddle a Bobbin, sy'n cwblhau'r tîm yn y sied wehyddu.

Mae cynnyrch y felin wedi cael ei yrru ar draws y byd a cheir enwau unigolion a sefydliadau adnabyddus ymysg y rhestr gwsmeriaid, gan gynnwys y Landmark Trust a'r Tywysog Charles a archebodd rygiau o'r felin ar gyfer Llwynywermod,

from the Midlands, she had been working as a nurse practitioner in the local GP surgery: 'It was a real shock when I first started in the mill. I'd come from a world where everything had a protocol or guideline to follow. In the mill, there were no rules, you just learnt as you went along which took me a while to get used to.'

The couple have evolved, quite naturally, into different roles within the mill, with Tom overseeing the actual weaving and production, and Anna concentrating on the retail, marketing and business development. The focus of the products they make is still carpets, rugs and runners, selling wholesale, taking commissions and also selling directly to customers themselves. Customers can come to them and request something totally unique; they can even design their orders themselves, usually with a little help from the team at Solva. Tom works alongside two members of staff – oddly enough, also named Tom and Anna – in the weaving shed on traditional nineteenth-century Hutchinson and Hollingworth Dobcross looms. The mill cats, Heddle and Bobbin, complete the team.

The mill has sent products all over the world and boasts some well-known names and organisations in its list of customers, including the Landmark Trust and HRH Prince Charles, who ordered rugs for his Carmarthenshire home, Llwynywermod, from Solva Woollen Mill. He and HRH the Duchess of Cornwall have also visited the site to see the recent renovation work, something that still makes Anna beam with pride: 'I still can't believe that Royalty has visited our little mill.'

ei gartref yn Sir Gâr. Mae ef a Duges Cernyw hefyd wedi ymweld â'r safle i weld y gwaith adnewyddu diweddaraf, ffaith sy'n peri i Anna wenu gan falchder: 'Rwy dal ffaelu credu bod rhai o'r teulu brenhinol wedi bod yn ein melin fach ni.'

Mae eitemau hardd, o'r ansawdd uchaf, wrth galon yr hyn sy'n cael ei wneud yn Solfach. Yn ogystal â deunyddiau i'r llawr, maen nhw wedi datblygu cynnyrch newydd, â phwyslais naturiol ar greu nwyddau i'r tŷ, fel gorchuddion celfi a matiau bwrdd. Mae'r gorchuddion celfi a wneir mewn gwehyddiad crwybr wedi bod yn hynod boblogaidd, er enghraifft: 'Allwn ni ddim gwneud llawer iawn o bethau newydd gan nad oes gennym y lle na'r adnoddau, ond mae'n dda cael gwneud rhywbeth newydd nawr ac yn y man,' meddai Anna. 'Ac ry'n ni wedi ceisio datblygu ystod o gynnyrch sy'n gweddu i'w gilydd fel bod cwsmeriaid sy'n dychwelyd yn aml yn gallu parhau i brynu – gan ychwanegu pethau at eu casgliadau.'

Teg dweud bod y felin wedi croesawu ymwelwyr ers iddi agor ym 1907, ond mae Tom ac Anna wedi gweithio'n galed i ddatblygu'r safle ymhellach a'i wneud yn atyniad modern a ffres, heb golli'r wedd hanesyddol. Yn 2011 cafodd adeilad gwreiddiol y felin ei ailddylunio a'i adnewyddu gan y cwpl, gan ei drawsnewid yn siop ac ystafell de llawn cymeriad a golau. Yn y siop mae modd i ymwelwyr brynu amrywiaeth o gynnyrch y felin, yn ogystal â chynnyrch o bob math gan grefftwyr Prydeinig eraill. Gall ymwelwyr hefyd gerdded o gwmpas y sied wehyddu gan siarad â'r tîm wrth iddyn nhw weithio a chael mewnwelediad i'r broses o wau.

Quality, beautiful items are at the heart of what they do. As well as the flooring they have developed new merchandise, with a natural emphasis on producing goods for house interiors, such as throws and table mats. Their honeycomb weave throws have proven very popular, for example: 'We can't do loads of new things because we just don't have the capacity, but it's good to do something new occasionally,' says Anna. 'And we've tried to develop a range of products that our returning customers can buy – things to add to their collections.'

Whilst the mill has welcomed visitors since opening in 1907, Tom and Anna have worked hard to further develop the site into a modern-day visitor attraction. In 2011 the original mill building was redesigned and renovated by the couple, transforming it into a bright shop and tea room full of character. In the shop, visitors can buy a variety of produce made at the mill itself, but also beautifully made objects by a range of other British craftspeople. Visitors can also wander through the weaving shed, and chat to the team as they work, gaining a real insight into the processes being carried out.

Since starting out in the industry thirty years ago, Tom Grime has seen big changes in the business. Solva isn't the only mill to mention a shift in the attitude of customers – provenance is the current *zeitgeist*. The story of the mill is now very important to the customer, whereas years ago it was all about the price. Tom believes that this change has been vital to the Welsh woollen industry as it has encouraged people to develop

Ers cychwyn yn y diwydiant dri deg o flynyddoedd yn ôl, mae Tom Grime wedi gweld newidiadau mawr yn y busnes. Tarddiad yw'r allweddair nawr ac mae stori'r felin yn bwysig i'r cwsmer; flynyddoedd yn ôl, y pris oedd y prif ddiddordeb. Cred Tom fod y newid hwn wedi bod yn gwbl hanfodol i'r diwydiant gwlân Cymreig wrth i bobl ddechrau gwerthfawrogi'r cynnyrch. O achos hynny, mae Anna wedi bod wrthi'n datblygu system o labeli ar gyfer pob eitem unigol maen nhw'n ei chynhyrchu. Mae'r labeli'n cynnwys gwybodaeth unigryw am y darn — gan bwy, a phryd y cafodd ei wau, er enghraifft — ac yn rhoi blas personol iawn i'w cynnyrch.

Mae'r dyfodol i'w weld yn un cadarnhaol iawn i Felin Wlân Solfach. Er bod gan Tom Grime ofidiau am y diwydiant gwlân ehangach, yn enwedig wrth i sgiliau gael eu colli, mae datblygiadau hynod galonogol wedi digwydd hefyd yn ystod y blynyddoedd diwethaf. Yr hyn sy'n gwbl amlwg o ymweld â'r felin yw balchder Tom ac Anna yn yr hyn maen nhw wedi'i gyflawni yna, o ran y safle ei hun, y ffordd y maent wedi adnewyddu'r lle, ac ansawdd eu cynnyrch gwlân arbennig. Mae stori'r felin a'r bobl sydd wedi gweithio ynddi dros y degawdau wedi ymdreiddio drwy bob dim y maen nhw'n ei wneud: 'Rwy'n hynod falch o feddwl ein bod ni yn cadw ffordd o fyw i fynd yma sy dros gan mlwydd oed,' meddai Tom. 'Rwy'n gobeithio bod y rhai a oedd yma o'n blaen ni'n edrych lawr ac yn bles gyda'r hyn ry'n ni'n ei wneud yma.'

an appreciation of its products. To this end, Anna has recently been devising a system of individual labelling for each and every item they produce, providing unique information about the piece, including who made it and when, giving an authentic personal touch to their products.

Anna has also been focusing on developing the online presence of the mill, both in terms of the business' website and also its presence on social media, which she believes is a vital marketing tool. She has found the latter particularly useful in engaging with local people.

The future seems like a positive one for Solva Woollen Mill. Whilst Tom Grime does have concerns for the wider woollen industry, especially regarding the loss of skills, there have been extremely positive and encouraging developments in recent years. What is obvious from visiting the mill is how proud Tom and Anna are of what they've achieved there, both in terms of how they've refurbished the old mill buildings and the quality of the woollen items they produce. The heritage of the mill permeates all that they do. 'It makes me very proud to think that we are continuing a way of life that's been here for over a century,' says Tom. 'I hope that those who were here before us are looking down and are pleased with what we're doing here.'

63

MELIN TREGWYNT

Castlemorris

'Mae gen i duedd i ddweud "Ie" i'r mwyafrif o bethau.'
    Eifion Griffiths

Adwaenir Melin Tregwynt fel un o brif frandiau'r byd tecstilau a dylunio i'r cartref heddiw. Ymddengys ei chynlluniau lled-fodern, lled-draddodiadol mewn cylchgronau chwaethus, mewn hysbysebion a chynyrchiadau drama ar y teledu ac mewn gwestai bwtîc ar hyd a lled y wlad. Mae ei gwaith ar y cyd ag artistiaid, dylunwyr a brandiau uchel-ael wedi rhoi lle pendant iddi ar y map steil.

    Y teulu Griffiths sydd y tu ôl i'r llwyddiant hwn. Eifion Griffiths yw pensaer ffyniant y felin yn y byd modern yn llythrennol, ond mae perthynas y teulu â'r felin yn ymestyn yn ôl dros ganrif. Cafodd tad-cu Eifion, Henry Griffiths, ei eni mewn tafarn yng Nglandy Cross, ond aeth yn brentis i wëydd yn yr Efail-wen. Daeth ef a'i wraig newydd, Esther, i'r felin, ac arni'r enw Melin Dyffryn ar y pryd, ym 1912. Prynodd y felin mewn ocsiwn, gan dalu £760 amdani – mae bonyn y siec ym meddiant Eifion hyd heddiw. Oherwydd bod nifer o 'Felinau Dyffryn' i'w cael yn y cyfnod hwnnw, penderfynodd Henry

'I have a tendency to say "Yes" to most things.'
    Eifion Griffiths

Melin Tregwynt is one of the most recognisable contemporary brands in textiles and interior design. Its distinctive modern-meets-traditional designs grace upmarket magazines, television advertisements/drama productions and elegant boutique hotels up and down the country. Collaborations with artists, designers and high-end brands have put it firmly on the style map.

    Behind this success story is the Griffiths family. Eifion Griffiths is literally the architect of the mill's modern-day rise to prominence, but the family's relationship with the mill stretches back over a century. Eifion's grandfather, Henry Griffiths, was born in a pub in Glandy Cross, but became an apprentice weaver with his cousin in Efail-wen. He and his new wife, Esther, came to the mill then called Dyffryn Mill, in 1912. He bought the mill at auction, paying £760 – Eifion still has the cheque stub. Since there were many 'Dyffryn Mills' in operation at the time, Henry Griffiths

Griffiths newid ei henw i Tregwynt ar ôl yr ystad y bu unwaith yn rhan ohoni.

Bu Henry ac Esther Griffiths yn byw ac yn gweithio yn Nhregwynt ynghyd â'u dau fab, Benjamin a Howard, a aned ym 1914 a 1916. Yn drist iawn, bu farw Esther yn ifanc, ac yna roedd Henry yn awyddus i un o'r bechgyn ymuno ag ef yn y felin. Oherwydd fod gan Benjamin uchelgais academaidd, dewiswyd Howard i ddychwelyd o'i ysgol a'i lety yn Abergwaun er mwyn gweithio wrth ochr ei dad yn y felin. Yn ystod yr Ail Ryfel Byd, yn anad dim bu'r felin yn cynhyrchu edafedd o breiddiau cyfagos er mwyn galluogi'r gwragedd lleol i wau, nid oedd dogni ar wlân ar gyfer gwau, ond erbyn diwedd y rhyfel dechreuodd y felin gynhyrchu brethyn *tweed*, carthenni traddodiadol a chwrlidau unwaith eto.

Bu farw Henry Griffiths ym 1954, gan adael Howard a'i wraig Eluned i redeg y busnes. Nhw fyddai'n manteisio ar gyfle newydd: twristiaeth. 'Doedd fy nhad-cu ddim yn rhy hoff o ymwelwyr,' meddai Eifion, 'ond roedd Dad yn deall bod twristiaeth yn mynd i fod yn faes twf ac roedd e'n ddyn busnes da. Felly sefydlodd e siop yn ein hystafell fyw. Doeddwn i heb ddechrau'r ysgol, ac un o fy atgofion cynharaf oedd meddwl pwy oedd yr holl bobl estron hyn yn ein tŷ. Yna fe adeiladon nhw siop bwrpasol ac ar hyd y blynyddoedd dwi'n cofio honno'n cael ei hymestyn a thwristiaeth yn tyfu i fod yn rhan fwyaf y busnes.' Maes o law agorwyd siopau yn Nhyddewi ac Abergwaun ac roedd y busnes yn ffynnu.

Er hynny, nid oedd yn fwriad gan Eifion ymuno â'r busnes teuluol ar y cychwyn: 'Pan oeddwn yn yr ysgol ac yna yn y coleg, doeddwn i ddim yn bwriadu

decided to rename it Tregwynt, after the estate of which it was once part.

Henry and Esther Griffiths lived and worked at Tregwynt with their two sons, Benjamin and Howard, who were born in 1914 and 1916 respectively. Sadly, Esther died at a young age and Henry was then keen for one of the boys to join him in the business. As Benjamin had academic ambitions, it was fourteen-year-old Howard who was chosen to come home from school and lodgings in Fishguard to work alongside his father in the mill. During the Second World War much of the mill's output was given over to producing yarn from local flocks for local women to knit, since wool for knitting was not rationed, but after the end of the war the weaving of tweed cloth, traditional blankets and bedspreads started once again.

Henry Griffiths passed away in 1954, leaving Howard and his wife Eluned to run the business. It was they who would seize on a new opportunity: tourism: 'My grandfather wasn't too keen on visitors,' says Eifion, 'but Dad understood that tourism was going to be a growth area and he was a good businessman, Dad. So he set up a shop in our living room. I hadn't yet gone to school and one of my earliest memories is wondering who all the strangers were in our house. Then they built a purpose-built shop, and over the years I remember it being expanded and tourism became the biggest side of the business.' They subsequently opened shops in St David's and Fishguard and the business thrived.

Eifion wasn't always destined to join the family business, however: 'When I was in school and

mynd 'nôl at y busnes. Ro'n i'n eitha academaidd ac yn y pen draw es i astudio pensaernïaeth.' Aeth ymlaen i weithio fel pensaer, ym Milton Keynes, ar ddiwedd y 1970au. Sut bynnag, roedd y felin wedi'i serio ar ei feddwl, 'Fel unig blentyn roeddwn i eisoes wedi sylweddoli bod gennyf gyfle i ddychwelyd. Ond roedd 'na … nid dyletswydd yn union … ond ro'n i'n sylweddoli petawn i ddim yn dychwelyd y byddai'n rhaid i fy rhieni ystyried gwerthu'r felin. Teimlais fod rhywbeth yna a bod angen i mi arbrofi.'

I ddechrau, bwriad Eifion oedd parhau'n rhan-amser â'i swydd fel pensaer gan weithio yn y felin hefyd. Mewn gwirionedd, dechreuodd weithio ochr yn ochr â'i dad, gan ddatblygu'r busnes bron yn syth bìn. 'Roedd yn gyfuniad da oherwydd roedd fy niddordebau i ym meysydd marchnata, dylunio a lliw, a diddordeb Dad oedd y busnes, felly doedden ni ddim yn damshel ar draed ein gilydd. Roedd Dad yn wych, gadawodd i fi wneud pethau doedd e ddim o reidrwydd yn gweld lygad yn llygad yn eu cylch.' A dweud y gwir, roedd ei dad yn lliwddall ac o ganlyniad defnyddiodd system effeithiol ond diddychymyg efallai lle byddai'n cyfuno du, gwyn ac un lliw. Roedd Eifion eisiau bod yn fwy creadigol.

Roedd hefyd yn awyddus i Felin Tregwynt ddarganfod cyfleoedd busnes newydd er mwyn sicrhau ei goroesiad. Yn ystod y 1970au roedd mwyafrif y melinau yn gwneud yr un peth – brethyn dwbl. O ganlyniad roedd y farchnad yn orlawn ac yn hynod gystadleuol: 'Un o fy amcanion gwreiddiol oedd ehangu'r busnes fel ein bod yn medru cyflogi pobl i wau droston ni. Ro'n i'n deall

then in college, I didn't intend to go back into the business. I was quite academic, and I ended up studying architecture.' Eifion went on to practise as an architect, in the late 1970s, in Milton Keynes. However, the mill had etched itself on his subconscious: 'I realised, as an only child, that there was always an opportunity to come back. But there was also … not exactly a duty … but I knew if I didn't come back that my parents would have to think about selling it. So I felt there was something there and that it needed to be tried out.'

Initially, Eifion intended to practise part-time as an architect, whilst also working in the mill. In reality, he started working alongside his father and developing the business almost immediately: 'It was a good combination because my interests were in marketing and design and colour and Dad's interest was the business, so we didn't tread on each other's toes. Dad was brilliant, he allowed me to do things that he probably didn't necessarily agree with.' In particular, Eifion concentrated on the use of colour within their products. His father was colour blind in fact and as a result used an effective but perhaps unimaginative system where he would use a colour, a black, and a white in each pattern. Eifion wanted to be more creative. He was also keen for Melin Tregwynt to find new business opportunities to ensure its survival. In the 1970s most of the mills were doing the same thing – double cloth. As a result it was a very competitive and crowded market: 'One of the initial aims was to grow the business so that we could employ people to weave for us. I knew my limitations and the idea of me getting down and

WELCOME TO TREGWYNT MILL

This mill has been in the care of the same family since 1912, but a working mill was first established on this site much earlier, due chiefly to the presence of water, both for processing the wool and powering the mill. The oldest remaining building is over 200 years old and you can still view the water wheel within this part of the mill.

You are welcome to look around, but please remember that this is a working mill and <u>be careful</u>. We hope you enjoy your visit.

fy nghyfyngiadau a byddai'r syniad o finne'n mynd ati i wau yn gamgymeriad. Beth o'n i wir angen ei wneud oedd dod o hyd i gwsmeriaid newydd y tu hwnt i Gymru.'

Yn allweddol i strategaeth Eifion roedd marchnadoedd newydd ymhellach i ffwrdd, edafedd newydd, lliwiau newydd a dyluniadau newydd. Dechreusant weithio gyda chwmni Americanaidd, Mystic Valley Traders, a oedd yn llunio casgliad i'w werthu yn yr Unol Daleithiau. Gwelodd Eifion y potensial i werthu yn y Deyrnas Unedig ar yr un sail. Roedd yr Americanwyr yn ailddarganfod blancedi gan eu defnyddio fel gorchuddion celfi ac eitemau i addurno yn hytrach nag fel pethau iwtilitaraidd. Erbyn hyn roedd Eifion yn briod, ac ymwelodd ef a'i wraig, Mandy â sioe fasnach yn yr Unol Daleithiau. Wrth iddynt ymweld â siop Ralph Lauren, y syndod oedd canfod fod yna fasnach soffistigedig bellach ar gyfer blancedi. Ar ôl dychwelyd, dechreusant wneud blancedi, rhai o liwiau cryfion yn hytrach na'r rhai hen ffasiwn, gwelw. Bu'n arbrawf llwyddiannus – heblaw am un broblem. Roedd yn hawdd copïo blancedi a chollwyd busnes i gwmnïau mwy o faint a fedrai gynhyrchu'r un pethau, ond yn rhatach.

Sylweddolodd Eifion ei bod yn bryd iddynt ddychwelyd at gynhyrchu'r brethyn dwbl traddodiadol gan nad oedd y cwmnïau mawrion yn medru eu darparu na'u copïo: 'Mae angen llawer o siafftiau ar beiriant i greu brethyn dwbl … yn wahanol i garthen mae'r strwythur a'r patrwm ynghlwm wrth ei gilydd. O ganlyniad, roedd copïo yn anodd ac roedd yn haws ei phrofi petai hynny'n digwydd.' Dechreuodd Tregwynt

weaving would have been a mistake. What I really wanted to do was to find new customers beyond Wales.'

New markets further afield, new yarns, new colours, new products and new designs were all key to Eifion's strategy. They started working with an American company, Mystic Valley Traders, who were compiling a collection to be sold in the States. Eifion saw the potential to sell in the UK on the same basis. The Americans were also rediscovering blankets, using them as throws and decorative items rather than as utilitarian pieces. By this time Eifion was married and he and his wife, Mandy, went to the States with the Welsh Development Agency to attend a trade show. During their time there they visited the Ralph Lauren shop on Madison Avenue. To their surprise they found that the whole of the fourth floor was given over to vintage blankets. Immediately they realised that there now was a market, a sophisticated one, for blankets. On returning, they started making blankets, boldly coloured ones rather than the pale old-fashioned ones. It was a successful experiment – apart from one hitch. Blankets were easily copied and they lost business to larger firms which could produce the same items, cheaper.

Eifion realised that it was time to return to producing traditional 'double cloth' which the big companies could neither offer, nor copy: 'Double cloth needs a lot of shafts on a machine … unlike a blanket, the structure and pattern are tied together. It meant that copying was difficult and it was much easier to prove if someone had.'

werthu gorchuddion celfi yn The Shaker Shop yn Llundain, lle roedd yr arddull 'gwnaed yn y cartref' yn gweddu i'r ffabrig Cymreig. Dechreuodd hefyd weithio gyda dylunwyr fel Anne Sutton a chynhyrchu ar gyfer y Designers Guild.

Yn fuan ar ôl hynny, cyflwynodd Tregwynt ei chynllun brethyn dwbl eiconig Madison. Daeth yr ysbrydoliaeth yn y 1980au o hen sgert o'r 1960au roedd mam Eifion ar fin ei thaflu i ffwrdd. Trawyd Eifion gan y patrwm gan nad oedd wedi gweld dim byd tebyg iddo o'r blaen: 'Roedd e'n *retro*, rhywbeth gallech chi ddychmygu pobl yn ei wisgo yn Carnaby Steet yn y 1960au – nid y cynlluniau brethyn dwbl mwy traddodiadol.' Achubwyd y sgert o'r bin a ffurfiodd sylfaen patrwm Madison. Profodd y patrwm sgwariau *retro* hwnnw'n boblogaidd iawn o'r cychwyn, ac er nad oedd y cwmni ond wedi bwriadu ei gynhyrchu am ychydig flynyddoedd, mae'n dal i fynd hyd heddiw. Daeth cynllun Mondo ar ei ôl – y patrwm cyfoes, smotiog hwnnw a ddaeth yn nodweddiadol o'r cwmni.

Yn ddi-os, mae meddu ar batrymau mor adnabyddus wedi helpu i godi proffil Melin Tregwynt yn lleol ac ar draws y byd. Sut bynnag, mae Eifion yn cydnabod bod angen gofal: 'Petai ein nwyddau i'w gweld ym mhob gwesty, yna ar ryw bwynt byddai rhywun yn dweud bod angen rhywbeth gwahanol arnynt. Mae'n rhaid i ni fod yn ofalus.' Yn anad dim mae'n ysgogiad i barhau i fod yn greadigol: 'Mae'n rhaid i chi barhau i ailddyfeisio'ch hun.'

Heddiw, mae Eifion a'i dîm yn Nhregwynt yn cynhyrchu ystod o batrymau a nwyddau – gan gynnwys clustogwaith, dodrefn, lamplenni, dillad

Tregwynt started selling throws in The Shaker Shop in London whose homespun style suited Welsh fabrics. They also began working with designers like Anne Sutton and producing for Designers Guild.

Shortly afterwards, Tregwynt introduced their now iconic Madison double cloth design. The inspiration came in the 1980s from a 1960s skirt that Eifion's mother was on the verge of throwing away. Eifion was struck by the design, which he'd never seen elsewhere: 'It was retro, something you could really imagine people wearing in the 1960s on Carnaby Street – not the more traditional double cloth designs.' The skirt was saved from the bin and formed the basis of the Madison design. That retro square pattern proved extremely popular from the outset, and whilst the company thought they'd only produce it for a few years, it is still running today. The Mondo design followed – the funky spotty design for which Tregwynt has become particularly well known.

Having such distinctive designs has undoubtedly helped raise the profile of Melin Tregwynt both locally and globally. However, Eifion acknowledges the need for caution: 'If our products were in every hotel then at some point someone would say they want something different. We have to be careful.' Above all, it's an incentive to keep on being creative: 'You have to keep reinventing yourself.'

Today, Eifion and his team at Melin Tregwynt produce a range of designs and products – including upholstery, furniture, lampshades, clothing and accessories – in both wool and

ac ategolion – a hynny mewn gwlân a gwlân oen. Er bod pethau wedi newid dros y blynyddoedd, o ran cynnyrch a phrosesau, yr hyn sy'n parhau i fod yn bwysig i Eifion yw'r ffaith fod y defnydd yn dal yn i gael ei wehyddu yn y lleoliad hanesyddol hwn – rhywbeth sydd hefyd wedi dod yn gynyddol bwysig i'w gwsmeriaid: 'Bellach mae gan bobl ddiddordeb yn hanes y melinau a sut y cafodd y nwyddau eu gwneud. Yn wreiddiol, pan oedden ni'n gwneud y Madison a'r Mondo, ro'n ni'n gwerthu ar sail cryfder y cynnyrch, a doedd pobl ddim wir yn ymwybodol o ble roedd e'n dod … i raddau ro'n ni'n cadw'n dawel am hynny. Ro'n ni'n felin fach yng ngorllewin Cymru, yn ceisio esgus ein bod ni ychydig yn fwy diwydiannol na hynny. Dyna sut roedd hi. Ond y dyddiau hyn mae gan bobl fwy o ddiddordeb yn yr hen batrymau a'r tarddiad … mae hynny wedi bod yn wych i ni.'

Yn ôl Eifion, allwedd arall llwyddiant y cwmni yw adeiladu'r tîm cywir. Wrth gwrs, am flynyddoedd maith bu Eifion yn gweithio wrth ochr ei rieni gan nad oeddent, mewn gwirionedd, erioed wedi ymddeol. Bu farw ei dad yn 2001, a chyn y salwch a ragflaenodd ei farwolaeth roedd yn dal i weithio'n feunyddiol. Archwiliwr trethi ac yna cyfrifydd oedd Mandy yn wreiddiol, ond ymunodd â Thregwynt wedi iddi symud i lawr o Lundain. Heddiw maent yn rhedeg y cwmni rhyngddynt gydag Eifion yn cyfaddef mai hi yw'r un drefnus: 'Mae hi'n gweld ei hun fel rhecsyn seimllyd sy'n iro'r peiriant sy'n cadw popeth i fynd!' Ond erbyn heddiw, mae'n llawer mwy na busnes teuluol gyda dros dri deg o bobl wedi'u cyflogi yn y felin. Nid yw'n hawdd dod o hyd i dechnegwyr a gwehyddwyr

lambswool. Whilst things have changed over the years in terms of products and processes, what remains important to Eifion is that the fabric is still woven in this historic location – something which has also become increasingly important to his customers: 'People now are very interested in the story of the mills and how it's made. When we were doing the Madison and the Mondo originally, we were selling them on the strength of the product, and people didn't really know how or where they were made … to a certain extent we kept a bit quiet about it. We were a small mill in West Wales, and tried to pretend we were a bit more industrialised than that. That's how that worked. But these days people are more interested in the more archived patterns and the provenance … that's been great for us.'

For Eifion, the other key to success is building the right team. Of course, for many years Eifion worked alongside his parents, who never truly retired. His father passed away in 2001, and until he fell ill prior to his death, was still involved on a daily basis. Mandy was originally a tax inspector and then an accountant, but joined Tregwynt when she moved down from London. Today, they share the work of the business, with Eifion freely admitting that she's the organised one: 'She calls herself the oily rag that oils the machine that keeps it all going!' But it is now of course much more than a family business, with over thirty people employed at the mill. Locating experienced technicians and weavers isn't easy, and Eifion has found that promoting apprenticeships amongst young people is also difficult. As a result, one

profiadol, ac mae Eifion wedi darganfod bod hyrwyddo prentisiaethau ymhlith yr ifanc yn anodd hefyd. O ganlyniad, mae un o'u prentisiaid, Sean, wedi bod yn ymweld ag ysgolion yr ardal er mwyn cyflwyno pobl ifanc i'r diwydiant tecstilau.

Sophia Watts sy'n gyfrifol am ochr dechnegol y dylunio yn Nhregwynt. Treuliodd ei phlentyndod yn Sir Benfro, ac yn dilyn cwrs gradd mewn dylunio patrymau ar yr wyneb yn Abertawe, rhoddwyd profiad gwaith iddi yn Nhregwynt am ychydig ddyddiau. Erbyn hyn mae hi wedi bod yn rhan o'r cwmni ers dros wyth mlynedd. Er nad oedd Sophia wedi ystyried y diwydiant gwlân fel gyrfa ymlaen llaw, mae hi eisoes wedi'i hargyhoeddi'n llwyr: 'I fod yn onest, mae gweithio yma wedi gweddnewid ble byddwn i wedi gweld fy hun yn mynd pan ddechreuais wehyddu … roeddwn i wir wedi syrthio mewn cariad â'r lle.'

Wrth fod yn rhan o Dregwynt mae Sophia wedi dysgu sut i weithio o fewn brand a chwmni ond hefyd, sut i fagu ei hunaniaeth ei hun. Yn fwyaf arbennig, mae hi'n mwynhau'r teimlad o hanes a pharhad: 'Rhan o'r hyn dwi'n ei hoffi am y cwmni yw ei fod wedi bod yn mynd yn ei flaen am amser maith ac mae gennym rai patrymau sy wedi bod yn rhedeg am ddegawdau.' Pan ddechreuodd yn y felin roedd y pwyslais yn dal ar y brethyn dwbl modern newydd, ond nawr maent yn symud yn ôl tuag at adfywio'r hen steil tapestri: 'Beth bynnag maen nhw'n ei gyflawni mae ganddynt un droed yn eu gorffennol a'r llall yn mentro ymlaen; dwi'n meddwl bod hynny'n braf iawn. O bosib, dyna pam mae'r cwmni wedi bod mor llwyddiannus.'

of their apprentices, Sean, has visited schools in the area to introduce youngsters to the textiles industry.

In charge of the technical side of the design at Tregwynt is Sophia Watts. She spent her childhood years in Pembrokeshire and following a degree course in surface pattern design at Swansea University, was given a work placement at Tregwynt for a few days. She has now been with the company for over eight years. Although Sophia had not really considered the woollen industry as a career option beforehand, she is now a convert: 'To be honest, I think working here has completely redirected where I would have seen myself going when I started weaving … I really fell in love with it.'

For Sophia being part of Tregwynt has meant learning to work within a brand and a company, as well as having her own identity. She particularly enjoys the sense of history and continuity: 'Part of what I like about the company is that it's been doing what it does for a long, long time now and that we've got patterns here that have been running for decades.' When she started at the mill the emphasis was still very much on the new and contemporary double cloth, but they are now moving back towards rejuvenating the old tapestry style: 'Whatever they do they've got one foot in their history and the other foot striding forward, I think that's really nice. And it's probably why the company's done so well.'

Melin Tregwynt continues to attract visitors from far and wide, as it did in Eifion's parents' day. There's a shop and café on-site and visitors

Parha Melin Tregwynt i ddenu ymwelwyr o bell ac agos, fe y gwnaeth yn oes rhieni Eifion. Ceir siop a chaffi ar y safle ac mae'n bosibl i ymwelwyr ddysgu am hanes y felin a gweld y cynnyrch cyfredol yn cael ei wehyddu. Mae'r gwyddiau gwreiddiol wedi mynd ac yn eu lle mae peiriannau lled-fodern – ond yn dal o fewn adeiladau traddodiadol gwyngalchog y felin. Adnewyddwyd yr hen olwyn ddŵr yn ddiweddar, atgof arall o berthynas hirhoedlog y lle â gwlân.

Dathlodd y felin ei chanmlwyddiant yn 2012 gyda nifer o ddigwyddiadau a chynlluniau ar y cyd ag eraill. Gweithiodd Melin Tregwynt ar brosiect gyda Heal's, y brand dodrefn a dylunio i'r cartref drudfawr, a hefyd gyda Marc Rees ar brosiect Olympiad Diwylliannol. Fel rhan o hwnnw, lapiwyd corff awyren mewn cyflenwad arbennig o'r defnydd Madison. Mae'r prosiectau proffil-uchel wedi parhau, o'r digri i'r dwys – er enghraifft, cafodd blancedi a gorchuddion Melin Tregwynt eu gweld yn nhŷ *Celebrity Big Brother* ar Channel 5 rai blynyddoedd yn ôl, tra yn 2015 bu'r felin yn creu patrwm blanced arbennig, Patrwm Patagonia, ar gyfer cynhyrchiad Theatr Genedlaethol Cymru a National Theatre Wales, {150}. O ran y dyfodol, nod Eifion yw cynyddu'r gwerthiant manwerthu ynghyd â datblygu'u gwefan e-fasnach, ac yn wir lansiwyd gwefan newydd e-fasnach ar ddechrau 2017. Aeth dros dri deg pum mlynedd heibio ers i Eifion ddychwelyd i Sir Benfro: 'Mewn ffordd, mae fy mhenderfyniad yn peri syndod imi ... ond roedd yn werth rhoi cynnig arni ... a dwi'n falch fy mod wedi gwneud.'

are able to learn about the mill's history and see the contemporary products being woven. The original looms have gone, replaced by relatively modern machines – but still within the atmospheric whitewashed traditional mill buildings. The old waterwheel has also recently been restored, another reminder of the place's long-running relationship with wool.

The mill celebrated its centenary in 2012 with a number of events and collaborations. They worked on a project with Heal's, the high-end interiors and furniture brand, and also with Marc Rees's Cultural Olympiad project, which saw the company wrap the fuselage of a plane in a special anniversary edition of the Madison fabric. High-profile projects continue, from the fun to the formal – for example, Melin Tregwynt blankets and throws have appeared in the *Celebrity Big Brother* house on Channel 5, whilst in 2015 the mill created a new blanket design, Patrwm Patagonia, for National Theatre Wales and Theatr Genedlaethol Cymru's production, {150}. In terms of the future, Eifion's goal is to increase the retail sales as well as develop their e-commerce strategy and indeed in early 2017 the mill launched its new e-commerce website. It is now over thirty-five years since Eifion came back to Pembrokeshire: 'In a way I'm quite surprised at my decision to come back, but it was something that I felt was worth giving a shot ... and I'm glad I did.'

MELIN DOLWERDD

Cwm-pen-graig

'Mae'r farchnad arbenigol a ddiflannodd yn bendant wedi dychwelyd ac mae 'na le llewyrchus ynddi i'r brethynnau mwyaf safonol nawr.'
Arthur Morus

'The specialist market which once disappeared has most definitely returned and there's a prosperous place in it now for the highest quality cloths.'
Arthur Morus

Lleolir Melin Dolwerdd ar lannau nant yr Esgair ym mhentref prydferth Cwm-pen-graig. Heddiw, mae'r hen adeilad carreg, sy'n gartref i'r felin bresennol, yn edrych ei oedran, braidd. Ond mae gan y perchennog a'r gwehydd Arthur Morus obeithion a chynlluniau disglair ar gyfer dyfodol y felin fach hon.

Adeiladwyd y felin wreiddiol, sef Green Meadow Mill, ym 1870. Yn ystod y 1930au, penderfynodd ei pherchennog ar y pryd, Rob Owen, godi adeilad newydd, yn benodol ar gyfer nyddu, gyferbyn â'r un gwreiddiol. Yn anffodus, dim ond am ryw flwyddyn y bu'r felin nyddu honno'n gweithredu, ac erbyn y 1940au roedd cynhyrchu ym Melin Green Meadow wedi dod i ben yn llwyr. Maes o law, trowyd adeilad gwreiddiol y felin yn gartref, tra bod yr ail adeilad yn cael ei ddefnyddio fel stordy ar gyfer busnesau lleol.

Melin Dolwerdd is situated on the banks of the Esgair, the stream which runs through the picturesque village of Cwm-pen-graig. Today, the old stone building which is home to the present day mill is looking its age. But owner and weaver Arthur Morus has hopes and plans for the future of this small mill.

The original mill, called Green Meadow, was built in 1870. In the 1930s its then owner, Rob Owen, decided to erect a new building, specifically for spinning, opposite the original one. Unfortunately, the new spinning venture was short-lived, surviving little more than a year, and by the 1940s production at Green Meadow had ceased completely. In time, the original mill building was converted into a dwelling, whilst the newer structure served as a storehouse for local businesses. It subsequently lay empty for some

Ar ôl hynny, bu'n wag am ryw bymtheg mlynedd tan ddyfodiad Arthur Morus i Gwm-pen-graig ym 1970.

Brodor o Frynaman yn wreiddiol oedd Arthur, ond symudodd ei deulu i Lanuwchllyn ac aeth ef i astudio Celf yn Lerpwl ac Exeter. Cwblhaodd gwrs hyfforddi athrawon yng Nghaerlŷr cyn gweithio fel athro am flwyddyn yn Ysgol Rhydfelen. Roedd hynny'n ddigon o amser iddo wybod y byddai'n llawer gwell ganddo droi ei law at rywbeth arall – gweithio yn y diwydiant gwlân oedd hwnnw. Bu'n dysgu'r grefft gan weithio am chwe mis ym Melin Derw ym Mhentre-cwrt ger Llandysul. Yna aeth ati i ailgyflwyno gwehyddu ar safle Green Meadow, a'i hailenwi'n Felin Dolwerdd. 'Roedd y lle'n wag,' meddai. 'Roedd hi wedi bod yn storfa gaws, ymhlith pethau eraill. Felly roedd rhaid i fi ddechrau o'r dechrau.' Gan fod diwydiant gwlân Swydd Efrog — y gweu, y nyddu, y lliwio a'r gorffen, a'r pandai – yn prysur ddiflannu, roedd yn bosibl prynu offer yn rhad o'r fan honno. Prynodd Arthur bedwar gwŷdd, ystofwr a pheiriannau trin edafedd ar gyfer Dolwerdd.

Dechreuodd y busnes drwy gynhyrchu tapestri gwead dwbl o gynllun arbennig Arthur, sef patrwm Ceredig, a'i gyfanwerthu i siopau a cholegau. Bu'n cynhyrchu'r patrwm mewn tua deg cyfuniad o liwiau – mae'n debyg bod y carthenni hynny wedi mynd yn brin iawn erbyn heddiw ac yn hawlio pris uchel yn y farchnad ail-law. Bu hefyd yn creu rhai carthenni traddodiadol a matiau bwrdd; dyna oedd yr unig gynnyrch yn y cyfnod cynnar. Diolch i ddylanwad gwaith Mrs Poulson ym melin Curlew Weavers, aeth Arthur ymlaen i

fifteen years, until Arthur Morus came to Cwm-pen-graig in 1970.

Originally from Brynaman, Arthur's family then moved to Llanuwchllyn and he went on to study Art in Liverpool and Exeter. He completed a teacher training course in Leicester before working for a year as a teacher in Ysgol Rhydfelen. However, a year in the classroom was enough for him to realise that it was time for him to turn his hand to something else – that something was working in the wool industry. He learnt the craft by working for six months in Derw Mill in nearby Pentre-cwrt. He was then ready to reintroduce weaving to the site at Green Meadow and gave the new mill the Welsh version of the original name, Dolwerdd. 'The place was empty,' he says. 'It had been a cheese store, amongst other rhings. So I had to start from scratch.' The Yorkshire woollen industry was in steep decline at the time, and the weaving, spinning, dyeing, finishing and fulling mills were all disappearing. Consequently, Arthur was able to buy a variety of equipment cheaply from the North of England. He bought four looms, a warping mill and some other machines which process thread and brought them back to Dolwerdd.

The business started by producing double weave tapestry using Arthur's special pattern, Ceredig, selling wholesale to shops and colleges. He produced the pattern in some ten combinations of colours. It seems that today those original Ceredig *carthenni* have become very rare and command a good price on the secondhand market. He also produced traditional *carthenni* and table

greu cynnyrch ar gomisiynau preifat: brethynnau ysgafn ar gyfer dillad a siolau, a brethynnau nad oeddent yn seiliedig ar y patrymau traddodiadol. Dechreuodd werthu mewn siop ar safle'r felin hefyd, a daeth gwerthiannau'r siop yn fwyfwy pwysig ar hyd y blynyddoedd. Wrth i'r ochr gyfanwerthu leihau, dibynnwyd yn gynyddol ar ymwelwyr i'r ardal a oedd yn gwneud y siop yn rhan o'u siwrne.

Yn y 1990au daeth y gwaith cyfanwerthu i ben yn gyfan gwbl. Yn ystod y cyfnod hwnnw bu Arthur yn canolbwyntio ar gynhyrchu rygiau llawr trwchus ac arbenigol mewn gwlân pur. Cafodd y rhain eu cynhyrchu ar gontract a bu rhywfaint o allforio achlysurol i Atlanta, Georgia yn yr Unol Daleithiau ar ôl i aelod o gwmni yno ymweld ag Arthur yng Nghwm-pen-graig. Bu hefyd yn gwneud gorchuddion celfi, gan wehyddu mewn edafedd arbenigol gwlân, *mohair*, alpaca a sidan. Ymateb i'r galw y mae Arthur wedi'i wneud ar hyd y blynyddoedd yn hytrach na gwehyddu yn ddi-dor.

Yn ôl yn 2010, daeth taw ar Felin Dolwerdd. Torrodd y rhod ystofi a dirywiodd y peiriannau. O ganlyniad, lleihaodd nifer yr ymwelwyr, a law yn llaw â hynny, roedd gan Arthur ddiddordebau eraill y tu hwnt i'r felin a oedd yn hawlio'i amser. Mae pob dim wedi dod i ben ers hynny. Fodd bynnag, ar hyn o bryd, mae'r adeilad a'r peiriannau yn cael eu hadfer a dechreuodd dau wŷdd droi am y tro cyntaf ers blynyddoedd yn ystod 2016.

Yn amlwg, y mae nifer o ffactorau wedi ysgogi Arthur i ailddechrau gwehyddu ym

mats in the early days of the mill. Thanks to the influence of the work of Mrs Poulson at Curlew Weavers, Arthur went on to produce lighter cloths for clothing and shawls, along with curtain fabric, producing this on private commissions, and specialising in fabric which was not based on the traditional patterns. He also started selling the mill's products in an on-site shop, and this retail business became increasingly important. Over time, the wholesale side of the business decreased and the shop depended mainly on visitors and tourists.

During the 1990s the wholesale work stopped completely and at that point Arthur concentrated on producing thick, specialist floor rugs in pure wool. This work was made on contract and there was some occasional exporting of these rugs to Atlanta, Georgia in the United States, following a visit to the mill in Cwm-pen-graig by the company involved. Melin Dolwerdd also produced throws, weaving with specialist wool, mohair, alpaca and silk.

Arthur has always responded to demand over the years rather rhan weaving continuously. However, back in 2010, a long-term hush descended on Dolwerdd as the machinery and production came to a halt – the warping mill broke, the machines were deteriorating and needed attention and Arthur himself had interests beyond the mill which were taking up time. The mill has been silent since then. Nonetheless, the equipment and the building are now being restored and two looms started to turn again for the first time in years in 2016.

Melin Dolwerdd, ac i deimlo'n gyffrous am y felin a'r diwydiant unwaith yn rhagor. Ar yr ochr fasnachol, mae'n teimlo bod y farchnad wedi bywiogi a bod cyfle nawr i gael pris teg am y cynnyrch – cyn belled â bod y safon yn uchel.

Yn ôl Arthur, dylunio da yw'r allwedd i greu cynnyrch o'r math gorau ac i sicrhau dyfodol i'r felin. Y bwriad yw ailgynhyrchu'r eitemau safonol a oedd eisoes yn gwerthu'n dda ganddo: siolau, sgarffiau, gorchuddion celfi – ond hefyd, yn y pen draw, greu dyluniadau newydd. Fel rhan hanfodol o ailddatblygu'r busnes, bydd yn gwerthu ar y safle, ond hefyd drwy'r we. Caiff y label Ceredig, a fu unwaith yn gwmni cyfyngedig yn y felin, ei ddefnyddio ar y cynnyrch newydd.

Bydd y felin ar ei newydd wedd yn parhau i wehyddu gan ddefnyddio amryw fathau o edafedd, megis gwlân, sidan a *mohair*. Bwriedir cynhyrchu rhai brethynnau sydd o un math o edafedd yn unig, ac eraill sydd o edafedd cymysg. Pwysleisia Arthur bwysigrwydd bod yn ymwybodol pa ddefnyddiau sydd yng nghyfansoddiad pob eitem. Er mai prynu edafedd i mewn y bydd Arthur yn bennaf, dymuna hefyd brynu rhywfaint o wlân amrwd a chomisiynu rhywun i'w nyddu, a hynny er mwyn cael creu rhywfaint o gynnyrch lleol, hollol Gymreig.

Mae'n braf meddwl am Felin Dolwerdd yn cael adfywiad unwaith eto, ac yn sicr mae Arthur yn gweld dyfodol addawol o'i flaen: 'Mae posibiliadau'r farchnad wedi'u gweddnewid gan y we ac mae marchnad newydd wedi'i sefydlu gan gynllunwyr arbenigol a thalentog sy'n gweithio gyda gwlân pur, gan werthu drwy'r rhyngrwyd.'

Clearly, there are a number of factors which have inspired and motivated Arthur to start weaving again in Dolwerdd, and to feel excited about the mill and the woollen industry once again. In particular, he is confident that as the market has been rejuvenated, there is now a good chance of getting a fair price for the products – as long as the quality of those products is high.

Arthur believes that good deisgn is the key to producing superior, top-end products and securing a future. The intention is to reintroduce the quality products which sold well previously — shawls, scarves, and throws – but also ultimately to produce new designs. He hopes to sell from an on-site outlet once again, but also sees the web as an important part of redeveloping the business. He will continue to use the Ceredig label, which was once a limited company at the mill.

Arthur plans to use a variety of yarns, including wool, silk and mohair, producing some pure fabric using one type of yarn, others a mixture. Being able to state which materials are in each item is crucially important to Arthur. On the whole, he will be buying in thread, but he also intends to purchase some raw wool, commissioning someone to spin it so that he can provide some products which are entirely Welsh and local.

It is heartening to think of Dolwerdd undergoing a reawakening and certainly Arthur sees a future once again: 'The market possibilities have been transformed by the web, and a new market has been established by specialist and talented designers working with pure wool and selling via the internet.'

Melin Dolwerdd
Woollen Mill

MELIN WLÂN CAMBRIAN
CAMBRIAN WOOLLEN MILL

Llanwrtyd

'Gweithio drosof fi fy hun yw'r peth gorau. Ond hefyd yr holl dasgau gwahanol, mae e i gyd yn waith da, a gwell byth, mae'n greadigol.'

Mark Daniel

'Working for myself is the best thing. But actually it's all the different tasks, it's all good work, and best of all, it's creative.'

Mark Daniel

Melin Cambrian yw un o'r tirnodau mwyaf hynod ar y ffordd rhwng Llanwrtyd a Llanfair-ym-Muallt. Adeilad trawiadol o friciau coch ydyw, melin ac iddi hanes lliwgar sy'n ymestyn yn ôl bron i ddwy ganrif. Roedd y felin wreiddiol yn cyflawni pob un cam o brosesu gwlân er mwyn ei droi'n ddefnydd, gan gyflogi nifer o bobl yn y broses. Ym 1927 rhoddwyd y ffatri i'r Lleng Brydeining Frenhinol er mwyn cyflogi milwyr a wnaed yn anabl yn y Rhyfel Byd Cyntaf. Yn ystod blynyddoedd olaf yr Ail Ryfel Byd, codwyd melin dri llawr wrth ymyl yr adeiladau gwreiddiol, er mwyn rhoi hyfforddiant a chyflogaeth i gyn-filwyr. Ym 1947 roedd y felin yn cynhyrchu edafedd lliw ar gyfer gwnïo, *tweeds*, sgarffiau a rygiau, ac roedd ganddynt siopau yn Llandrindod a Llanfair-ym-Muallt yn ogystal â'r un ar y safle. Yn ystod y blynyddoedd mwy diweddar bu'r adeilad yn gartref i ddau fusnes gwahanol

The Cambrian Mill building is one of the most notable landmarks as you travel from the town of Llanwrtyd along the main road towards Builth Wells in Powys, a striking red brick structure with a remarkable history that spans nearly two centuries to the present day. The original woollen mill once carried out each stage of turning raw wool into cloth, employing a number of people in the process. In 1927, the old factory was given to the Royal British Legion for the employment of disabled servicemen from the First World War. During the final years of the Second World War a new three-storey mill was built alongside the original buildings to allow further war veterans to receive training and employment, and in 1947 it was producing coloured knitting yarns, tweeds, scarves and rugs, with shops in Llandrindod and Builth, as well as on site. During its more recent

– er eu bod yn gysylltiedig â'i gilydd. Ar y llawr gwaelod ceir caffi a siop a lan llofft mae busnes yn cynhyrchu deunyddiau gwlân wedi'u gwehyddu, a reolir gan y teulu Daniel.

Mark yw aelod diweddaraf y teulu i wehyddu yn Cambrian a chymerodd awenau'r busnes oddi wrth ei rieni tua diwedd 2013. Cyn hynny, roedd Mark yn gweithio mewn byd gwahanol iawn, fel datblygydd meddalwedd i gwmni technoleg gwybodaeth, a doedd ganddo ddim profiad o wehyddu. Erbyn heddiw, mae newidiadau pellach ar y gorwel ac mae Mark yn chwilio am gartref newydd i'r busnes. Bydd hynny'n golygu symud o'r adeilad hanesyddol yn Llanwrtyd sydd wedi rhoi ei enw i'r busnes, ond gan barhau â'r crefftwaith a'r angerdd dros gynnyrch gwlân o safon sydd yn gysylltiedig ag enw'r felin.

Daeth rhieni Mark, Ken a Sheila Daniel, i Gymru yn y 1980au. Yn wreiddiol o'r Alban, roedd Ken wedi ei hyfforddi mewn tecstilau yn Galashiels cyn i'r cwpl symud i Lundain lle bu Ken yn gweithio i gwmni tecstilau mawr. Cyn hir fodd bynnag roedd wedi ei ddadrithio gan yr awyrgylch masnachol, mawr lle roedd yn gweithio a dechreuon nhw edrych am ffordd amgen o fyw. Cyrhaeddodd y cyfle pan ddaeth Melin Wlân Siwan ar werth yng ngorllewin Cymru. Melin newydd oedd honno, wedi'i sefydlu mewn hen ysgol yn Llanybydder. Penderfynodd y cwpl fachu ar y cyfle – buon nhw'n cynhyrchu blancedi a defnydd o Felin Siwan am ddeuddeg mlynedd, gan fagu eu teulu ifanc yng Sir Gâr.

Ym 1993 fodd bynnag, daeth cyfle arall, y tro yma ym Melin Wlân Cambrian, adeilad a oedd yn cynnig llawer mwy o le a lleoliad llawer gwell na'r

history, over the last two decades the building has housed two separate – though connected – businesses, one a visitor centre, café and shop on the bottom floor, the second a business producing woven woollen goods, run by the Daniel family.

The most recent member of the Daniel family to weave at Cambrian is Mark Daniel, who took over the business from his parents in late 2013. Before this, Mark worked in a very different world, as software developer for an IT firm, and had no experience of weaving.

There are now further changes afoot, with Mark seeking a new home for the business, moving away from the historic Llanwrtyd building from which they take their name but continuing with the craftsmanship and passion for quality woollen products that have become synonymous with the name Cambrian Mill.

Mark Daniel's parents, Ken and Sheila Daniel, came to Wales in the 1980s. Originally from Scotland, with Ken having trained in textiles in Galashiels, the couple moved to London where Ken worked in a large textiles company. He soon became disenchanted however with the big, commercial environment in which he was working, and they started to look for an alternative lifestyle. The opportunity came when Siwan Woollen Mill was put up for sale in West Wales. It was a new mill, established on old school premises in Llanybydder, and the couple decided to take the plunge – they went on to produce blankets and fabric there for twelve years, raising their young family in Carmarthenshire.

In 1993, however, an opportunity arose

un yn Llanybydder. Prynwyd adeilad Cambrian gan ddyn busnes lleol er mwyn ei redeg fel atyniad ymwelwyr ac aeth rhieni Mark yno i gynnal a rheoli'r safle, oedd yn cynnwys y caffi, y siop a'r teithiau i ymwelwyr. Er ei bod yn bosibl iddynt wneud ychydig o wehyddu masnachol, roedd y ffocws ar y pryd ar reoli'r holl fenter. Ond menter fyr-dymor fu honno, ac ar ôl ychydig, rhoddwyd yr adeilad ar y farchnad unwaith eto. Pan ddaeth y perchnogion newydd, arhosodd y teulu Daniels ar y safle, ond y tro hwn dychwelasant at redeg eu busnes eu hunain, gan rentu'r llawr uchaf a chynhyrchu deunydd gwlân yn fasnachol unwaith yn rhagor. Parhaodd siop, caffi ac amgueddfa ar lawr gwaelod y safle fel busnes hollol ar wahân heb gyfraniad y teulu Daniel.

Bu Ken a Sheila yn gwehyddu yn Cambrian am bron i ugain mlynedd. Yna yn 2013 wrth iddynt ystyried ymddeol, penderfynon nhw gynnig y busnes i'w mab, Mark. Ar ôl cwblhau gradd Cyfrifiadureg a Pheirianneg Meddalwedd, bu Mark yn gweithio fel rheolwr technoleg gwybodaeth am tua deunaw mlynedd. Am sawl blwyddyn, bu'n gweithio i gwmni lleol yng ngorllewin Cymru ond pan symudodd y cwmni i Loegr, fe barhaodd Mark i weithio iddynt yn ystod yr wythnos gan ddychwelyd at y teulu yng Nghymru ar benwythnosau. Roedd y cynnig gan ei rieni yn golygu y byddai'n gallu bod gartref trwy'r amser unwaith yn rhagor.

Er bod ei rieni wedi ymwneud â rhedeg melinau gwlân erioed, doedd gan Mark ddim profiad blaenorol o'r diwydiant tecstilau a byddai'n fyd hollol newydd iddo. Ond roedd yr amseru'n iawn i Mark, a'r cyfle'n rhy dda i'w golli: 'Nid natur y

in Cambrian Woollen Mill, a building which offered much more space and a better location than the premises in Llanybydder. It had been bought and refurbished by a local businessman to run as a tourist attraction, and Ken and Sheila came on board to run and manage the whole place, including the café, shop and visitor tours. Although they were able to do some commercial weaving, the focus then was on managing the whole enterprise. It was a relatively short-lived venture, however, and a few years later the building was put up for sale once again. The Daniels remained involved with the site under the new owners but they now returned to running their own business, renting the top floor and producing woollen products for a commercial customer base once again. The shop, café and museum continued to operate under the new owners as a separate business and without the Daniels' involvement.

Ken and Sheila Daniel produced woven woollen goods from Cambrian for nearly twenty years. Then, in 2013 they were looking to retire and decided to offer son Mark the opportunity to take over the reins.

Following a degree in Computer Science and Software Engineering, Mark Daniel had spent some eighteen years as an IT manager. For many years he worked for a local company in West Wales and when they decided to relocate to England, Mark continued to work for them, spending four nights a week away, returning to the family in Wales for the weekends. The opportunity from his parents would mean being at home again.

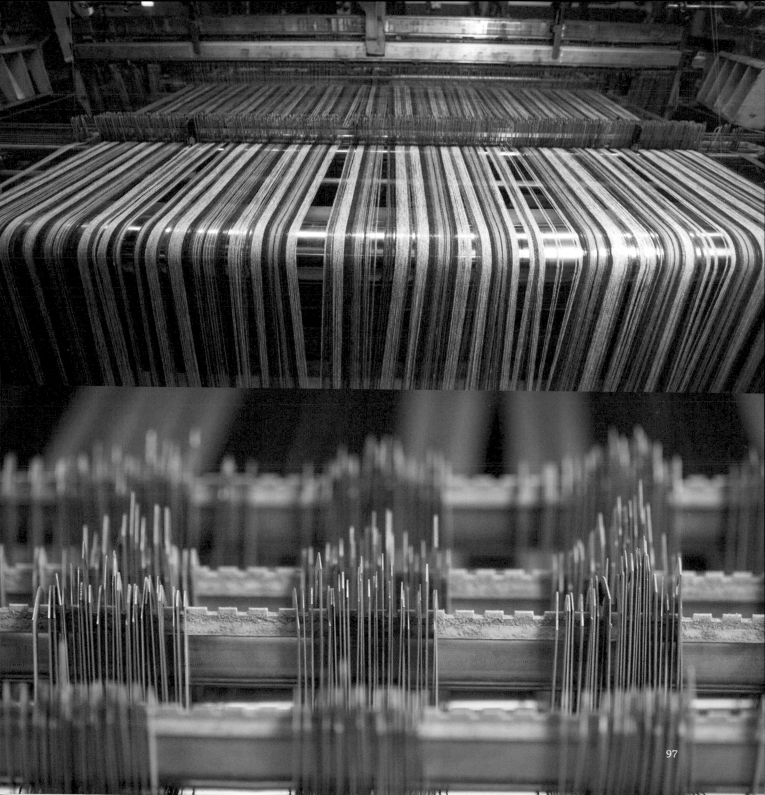

busnes a'r hyn fydden ni'n ei wneud oedd yn
fy ysgogi, gymaint â'r ffaith fod rhywun wedi
datblygu'r busnes yma am ugain mlynedd ac yn
amlwg wedi bod yn gwneud bywoliaeth dda
ohono. Ro'n nhw ar fin cerdded i ffwrdd a dyma
nhw'n ei gynnig e i mi. Roedd yn rhaid i mi ofyn
wedyn, ydw i'n dal i deithio i Loegr ac aros yno
bedwar diwrnod yr wythnos yn gweithio mewn
swydd sy'n OK – neu ydw i'n cymryd y cyfle – ac
os nad ydw i, fydda i'n difaru hynny am weddill
fy oes? Does dim modd gwybod heb fentro.
Penderfynais roi cynnig arni.'

I gychwyn, ymunodd brawd yng nghyfraith
Mark ag ef yn y busnes, a bu cyfnod pontio o
ryw chwe mis wrth iddyn nhw weithio ochr
yn ochr â Ken a Sheila er mwyn dysgu'r grefft.
Byddai'r ffaith nad oedd ganddo ddim profiad
wedi bod yn broblem i lawer o bobl yn yr un
sefyllfa, ond roedd Mark yn ddiffwdan am y peth:
'Dyw e ddim yn anodd. 'Dy'n ni ddim yn gwneud
unrhyw wehyddu cymhleth ar hyn o bryd,
dim ystof dwbl neu dapestri neu bethau felly.
Rydyn ni'n gwneud gweadau brethyn caerog a
herringbone sylfaenol ac mae gennym fformatau
sydd eisoes wedi'u paratoi ar y gwyddiau. Felly
mae popeth yn ei le ac mae'n fater o gadw'r peth i
fynd.'

Yn ddiweddar mae Mark wedi cymryd
cyfrifoldeb dros y busnes ar ei liwt ei hun. Sut
bynnag, byddai cyflenwi'r archebion wedi bod yn
amhosibl heb unrhyw help ychwanegol, felly mae
Ken a Sheila wedi dychwelyd i'r felin er mwyn
rhoi cymorth. 'Maen nhw'n mwynhau bod yn
rhan ohono eto,' meddai Mark.

Although his parents had always been
involved with running woollen mills, since Mark
had had no previous experience with the textile
industry it would be a completely new world. But
for Mark, the timing was right and it was too
good an opportunity to miss: 'It wasn't so much
the nature of the business and what I would be
doing, it was more about the fact that someone's
developed this for twenty years and have clearly
been making a good living from it, they're about
to walk away and they're offering it to me … and
you have to then say well, do I keep travelling to
England and staying there four days a week in a
job that's OK, or do I take the opportunity – and if
I didn't, would I regret that for the rest of my life?
You'll never know, unless you do it. I decided, let's
try this out.'

Mark was initially joined in the business by his
future brother-in-law and there was a transition
period of some six months where they worked
alongside Ken and Sheila, learning the ropes. With
no experience, many people would have found this
daunting, but Mark downplays it: 'It isn't difficult.
We don't do any sort of advanced weaving at
the moment, no double warps or tapestries or
anything like that. We're doing basic twill and
herringbone weaves and we've got formats that
are set up on the looms … So everything's sort of
set up and it's just a case of keeping it running.'

Mark has recently taken sole charge of the
business. Meeting his orders single-handedly
would have been impossible, so Ken and Sheila
have returned to help. 'They're enjoying being
involved again,' says Mark.

CAMBRIAN FACTORY LIMITED

THIS STONE WAS LAID BY
ARTHUR BECKWITH, Esq. O.B.E. of CRICKHOWELL
WHO FOUNDED THIS FACTORY FOR THE
EMPLOYMENT OF DISABLED EX-SERVICEMEN
OF THE GREAT WAR 1914-18. IN 1927 HE GENEROUSLY
PRESENTED THE FACTORY TO THE BRITISH LEGION
WHO BUILT THIS EXTENSION FOR THE EMPLOYMENT
OF MORE EX-SERVICEMEN DISABLED IN THE
WORLD WAR 1939-45.

masnachol sydd ei angen yn y byd modern. Caiff edafedd ei brynu i mewn, a hynny mewn sympiau mawr, gan amryw o gyflenwyr, yn dibynnu ar y teip. Yn debyg i lawer iawn o'r melinau eraill, ar ôl gwehyddu mae'r defnydd yn cael ei anfon i Schofield yn Galashiels i'w orffen.

Er bod rhai agweddau negyddol i fod yn feistr arnoch chi'ch hun, y mae Mark yn mwynhau'r rhyddid. Yn ddiau, mae cwsmeriaid presennol y busnes yn falch bod Mark wedi camu i mewn i'r cwmni ac yn hapus eu bod yn gallu gweld dyfodol i'r busnes. Edrycha Mark ymlaen at ddatblygu pethau yn y dyfodol. Yn anad dim, mae'n gweld potensial aruthrol i ddatblygu'r ystod o gynnyrch, gan fod yr awch am gynnyrch gwlân, yn enwedig cynnyrch o wlân Prydeinig, yn tyfu'n gyson. Fel rhan o'i gynlluniau, mae Mark yn ehangu'r siop ar y we ac yn defnyddio'r cyfryngau cymdeithasol i farchnata'n effeithiol.

Yn gyntaf oll, fodd bynnag, mae'n awyddus i ddarganfod cartref newydd i'r felin. Mae adeilad Melin Cambrian ar werth; pennod arall yn ei hanes hir. Tenantiaid oedd y teulu Daniel, ac mae Mark wedi penderfynu mai nawr yw'r amser naturiol i ddod o hyd i gartref newydd er mwyn iddynt fedru parhau i greu cynnyrch 'Melin Cambrian'. Mae'n gyfnod anodd efallai, ond hefyd yn un cyffrous.

Gwnaeth Mark naid fawr o weithio mewn diwydiant a oedd yn gyfarwydd iddo ac o fod mewn swydd gyflogedig, dda, i redeg ei fusnes ei hun, a hynny mewn diwydiant ansicr ac anghyfarwydd. Hyd yn hyn, mae'n dwyn pleser mawr o'i fywyd newydd.

geared towards the kind of commercial production that they have required, with yarn being bought in large volumes from a number of different suppliers, depending on the type. As with so many of the other mills, after weaving, all their fabric is sent to Schofield in Galashiels to be finished.

Whilst there are downsides to being your own boss, Mark is enjoying the freedom. The business' existing customers have welcomed the fact he has come in to take over, glad that they can see a future, and Mark is already excited about moving things forward in the coming years. In particular, he can see a huge potential in developing their product ranges, with the appetite for woollen products, especially British wool products, growing continuously. Developing the online shop further and using social media to its full marketing potential are also part of his ongoing plans.

First and foremost however is finding a new home for his enterprise. The Cambrian Mill building has been put up for sale once again, another new chapter in its colourful history. Since they are only tenants in the building, Mark has decided that now is the natural time to find a new home for his business in order to continue to create his 'Cambrian Mill' products. It's a daunting but exciting time.

Having made the leap from a good, decently paid, salaried job in an industry he understood, to running his own business in a somewhat precarious and certainly unfamiliar industry, Mark is relishing his new life.

GWEHYDDION SIONI RHYS
SIONI RHYS HANDWEAVERS

Pandy

'Trueni 'mod i heb wneud hyn flynyddoedd yn ôl. Bues i'n chwilio am rywbeth creadigol i'w wneud erioed, ac o'r diwedd rwy wedi dod o hyd iddo.'

Stuart Neale

'I wish I'd done it years ago. I'd always been looking for something creative to do and finally I found it.'

Stuart Neale

Efallai fod gan Stuart Neale gefndir annisgwyl o feddwl ei fod heddiw yn wehydd â llaw. Am ran helaeth o'i yrfa, bu'n gweithio i'r Comisiwn Coedwigaeth, byd gwahanol iawn i awyrgylch creadigol, tawel gwehyddu â llaw. Ond person artistig yw Stuart yn y bôn. Cafodd ei hyfforddi'n wreiddiol fel actor, ac am flynyddoedd maith, bu'n dyheu am gyfrwng a fyddai'n caniatáu iddo ddefnyddio ei ddychymyg.

Fel mae Stuart yn egluro, daeth y cyfle i roi mynegiant i'w natur greadigol yn ôl yn y 1980au. Ar y pryd roedd diweithdra yn fygythiad hollbresennol yn y diwydiant coedwigaeth, diolch i'r ffaith fod y bunt yn gryf a'r melinau mwydion coed a'r pyllau glo'n cau ar raddfa aruthrol. Prynodd Stuart wŷdd llaw – yn ei ciriau ef, 'er mwyn atal diflastod' petai'r gwaethaf yn digwydd, ac aeth i Lundain ar gwrs hyfforddi byr.

Considering that he is now a handweaver, Stuart Neale's background is perhaps quite surprising. For the majority of his career he worked for the Forestry Commission, light years away from the creative, quiet environment of handweaving. But Stuart had always had an artistic streak and had originally trained as an actor. Finding a more imaginative outlet for his creativity was something he'd craved for years.

The opportunity to pursue his artisitc, imaginative nature came in the 1980s when, thanks to the strong pound, coupled with the widespread closure of pulp mills and coal mines, unemployment became a real threat in the forestry industry. Stuart had purchased a hand loom, in order, as he puts it, 'to ward off the boredom', should the worst happen, and undertook a short training course in London. In the end, he did

Yn y pen draw, chollodd Stuart mo'i swydd, roedd wedi dechrau ar lwybr gyrfa amgen. Sylweddolodd fod angen gwella ac ehangu'i sgiliau technegol ac arweiniodd hynny at gwrs pellach yn y Scottish College of Textiles, lle y llwyddodd i ennill HNC (Higher National Certificate). Mae Stuart yn cydnabod na fu hynny ond yn bosibl oherwydd polisi'r Comisiwn Coediwgaeth o gefnogi staff a oedd yn dymuno derbyn hyfforddiant y tu allan i'w gwaith.

Ym 1989, lansiwyd Gwehyddion Sioni Rhys pan benderfynodd ef a Dennis Mulcahy sefydlu partneriaeth fusnes. Roedd Dennis Mulcahy wedi graddio o Goleg Celf a Dylunio Casnewydd ac ar y pryd, roedd yn dysgu celf mewn ysgol yn Sir Fynwy. Daeth ef â'r mewnbwn dylunio i'r cwmni newydd. Sefydlwyd y fenter mewn hen efail ym mhentref Pandy ger y Fenni, pentref a chanddo gysylltiadau hir â gwlân; mae 'pandy' ei hun yn air am felin bannu, ac roedd yr ardal ar un adeg yn adnabyddus am gynhyrchu gwlanen.

Mae Stuart yn gwehyddu ar wŷdd llaw Design Dobby o'r bedwaredd ganrif ar bymtheg, sy'n gweithredu ar sail system *dobby* peg a chadwyn. Mae'r gair *dobby* yn ffurf ar *draw-boy*, cyfeiriad at blentyn a fyddai'n arfer cynorthwyo'r gwehyddwr ac yn sefyll ar ben y gwŷdd er mwyn tynnu'r edau amrywiol i fyny. Prynodd Stuart wŷdd oddi wrth ei hen goleg yn yr Alban, gan fod y myfyrwyr yn ei weld yn rhy drwm i'w ddefnyddio, a chafodd y ddyfais ei chymryd yn ôl, yn ofalus, i'r Fenni. Gorchwyl tra anodd oedd hwnnw, ac ar ben y daith profodd y gwŷdd yn lletchwith a thrwm i'w ailgodi – ond nid yw wedi symud modfedd ers hynny, a dyma lle mae Stuart yn parhau i weithio bob dydd.

not face redundancy but he was now set on the path towards a new career. He was aware that he needed to improve his technical skills and this led to further training, this time in Scotland, where he obtained a Higher National Certificate at the Scottish College of Textiles. Stuart acknowledges that he would have been unable to complete this course had it not been for the Forestry Commission's policy of supporting staff to undertake further training outside their usual work.

1989 marked the start of Sioni Rhys Handweavers when Stuart and Dennis Mulcahy decided to set up a business partnership. Dennis, a graduate of Newport College of Art and Design, was teaching art at a school in Monmouth and provided the design input for the business. The weaving operation was, and still is, based in an old smithy in Pandy near Abergavenny, a village which has a long association with wool; Pandy itself means 'fulling mill', and the district was once renowned for its flannel production.

Stuart works on a nineteenth-century Design Dobby hand loom and uses a peg and chain dobby system. The word 'dobby' is a corruption of 'draw-boy', a reference to the weaver's helper, a child who would be positioned at the top of the loom to pull up the various threads. The loom was purchased from his old college in Scotland where the students found it heavy to use. Stuart carefully brought it all the way back to Abergavenny. It wasn't an easy task and it was awkward and heavy to erect – but it hasn't moved since, and never will, and it is where Stuart works every day.

Roedd adeiladu sylfaen i'r busnes yn broses o brofi a methu. Ar y dechrau, y bwriad oedd gwerthu tecstilau fesul hyd er mwyn iddynt gael eu teilwra gan y cwsmer, ond nid oedd fawr o alw amdanynt. Felly, dechreusant wneud eitemau gorffenedig, fel sgarffiau a charthenni. Daeth y cyfle mawr cyntaf wrth iddyn nhw ymaleodi ag Urdd Gwneuthurwyr Cymru a chael gwerthu yn oriel yr urdd yn yr Hen Lyfrgell yn yr Ais, yng nghanol Caerdydd. Heddiw, mae gan yr urdd oriel barhaol, sef Crefft yn y Bae, mewn hen adeilad hanesyddol o'r bedwaredd ganrif ar bymtheg yn ardal y dociau, ac mae Sioni Rhys yn parhau i fod yn aelodau brwd. Maen nhw hefyd yn gwerthu mewn orielau yn y Fenni, yn oriel Sea Pictures yn Suffolk ac yn Amgueddfa Wlân Cymru. 'Dyw hi ddim yn bosibl i ni ymgymryd â gormod o waith gan fod y broses yn un araf a gofalus, meddai Stuart. 'Rydyn ni'n methu cyflenwi archebion mawr … a dydyn ni ddim eisiau gwneud hynny.'

Maen nhw'n arbenigo mewn cynhyrchu carthenni i'w defnyddio fel gorchuddion celfi. Nid yw'n bosibl i Stuart gynhyrchu carthenni gwely maint dwbl ar ei wŷdd heb orfod gwnïo dau orchudd sengl ynghyd, felly mae'r ffasiwn o roi gorchuddion celfi wrth droed y gwely wedi taro i'r dim. Mae Sioni Rhys hefyd yn cynhyrchu siolau lapio, cysurwyr a sgarffiau o edafedd ysgafn, a'u harddangos mewn ffeiriau crefftau a digwyddiadau eraill sy'n hybu cynhyrchwyr o safon, ac mewn orielau. Gall Stuart ymgymryd â chomisiynau unigol yn ogystal, gan greu eitemau cwbl unigryw a phwrpasol ar gyfer cwsmeriaid. Nid gwlân yn unig sy'n cael ei ddefnyddio yn ei waith; caiff cotiau

Building up the customer base for the new venture was a process of trial and error. They initially tried selling lengths of textiles to be tailored – but found little demand. Instead, they started making up finished products such as scarves and *carthenni*. Their first major outlet was as members of the Makers Guild in Wales and their gallery in the Old Library in the Hayes in central Cardiff. Later, the Makers Guild moved to Cardiff Bay and eventually built their own gallery, Craft in the Bay, located in a listed nineteenth-century dockside building. Today, Sioni Rhys continue to be active members of the Guild but also sell through galleries in Abergavenny, Sea Pictures gallery in Suffolk and the National Wool Museum. 'We can't take on too much work since the process is a slow and careful one, and we can't deliver huge orders … we don't want to,' says Stuart. They produce *carthenni* as throws — Stuart cannot produce double sized bedspreads on his loom without sewing two singles together, so the fashion for using throws at the end of the bed or over the sofa has suited them perfectly. They also make wraps, comforters and scarves in lightweight fibres, exhibiting and selling at craft events and fairs that promote artisan producers, in addition to the galleries. Stuart also undertakes individual commissions from customers, creating something entirely bespoke. He doesn't just work with wool, but produces exquisite luxurious silk and cashmere wraps too.

Whilst Stuart concentrates on the weaving, partner Dennis Mulcahy is still focused on the design: 'We have learnt a lot working together over

nos o sidan a chashmir eu cynhyrchu ganddo hefyd.

Wrth i Stuart ganolbwyntio ar wehyddu, mae ei bartner Dennis Mulcahy yn parhau i ofalu am y dylunio: 'Rydyn ni wedi dysgu llawer wrth weithio gyda'n gilydd dros y blynyddoedd. Ar y cychwyn byddai e'n dylunio pethau a fyddai'n edrych yn arbennig ar bapur, ond doedden nhw ddim yn gweithio'n dda ar y gwŷdd. A dweud y gwir, rwy'n dal i newid ychydig ar y cynlluniau o dro i dro, ond da chi, peidiwch â dweud hynny wrtho fe!'

Gwir ddiddordeb Stuart yw adfywio hen batrymau a thechnegau o felinau Cymreig hanesyddol gan ychwanegu elfen gyfoes: 'Dydw i ddim yn copïo'n slafaidd, rwy'n hoffi addasu.' Yn fwyaf arbennig, mae'r felin wedi dod yn adnabyddus am gynhyrchu carthenni sydd wedi'u seilio ar batrwm a gafodd ei gynhyrchu'n wreiddiol ym Melin Gwenffrwd, ar stad Llanofer gerllaw. Roedd Augusta Hall, Arglwyddes Llanofer, a anwyd ym 1802, yn gefnogol iawn i bopeth Cymreig a Chymraeg; sefydlodd hi felin wlân ar y stad er mwyn cynhyrchu brethyn er defnydd y gweithwyr a'r tenantiaid. Bu Stuart wrthi'n ymchwilio cryn dipyn i waith a phatrymau'r felin ond ni ddaeth rhyw lawer o wybodaeth i law. Yna, yn 2002, cynhaliwyd digwyddiad lleol i ddathlu bywyd yr Arglwyddes Augusta. Bachodd Stuart ar y cyfle i holi pobl ynghylch eu gwybodaeth o gynnyrch y felin. Ac yn wir, daeth menyw leol heibio â darn o ddefnydd a fu'n rhan o garthen a brynwyd gan ei mam-gu o Felin Gwenffrwd ar ddechrau'r ugeinfed ganrif. Defnyddiodd Stuart a Dennis y darn bach hwnnw i wehyddu copi o'r

the years. Initially he would design things that looked great on paper but which wouldn't work in practice on the loom. I still tweak some of the designs occasionally, but don't tell him that!'

Stuart's real interest has been in adapting old patterns and techniques from historic Welsh mills and giving them a modern twist: 'I don't slavishly copy, I like to adapt.' They have become particularly well-known for their throws based on a pattern produced at Gwenffrwd Mill on the nearby Llanover estate. Lady Augusta Hall, Lady Llanover, was born in 1802 and became a great advocate of all things Welsh, including the language; she also established a woollen mill on the estate to produce cloth for her employees and tenants. Stuart initially carried out considerable research into the patterns and work of the Llanover mill but drew a blank. In 2002 however, there was a local celebration of Lady Augusta's life and Stuart took the opportunity to ask people if they had any evidence of its products. A local lady brought along a scrap of textile, part of a throw that had been bought by her grandmother from Gwenffrwd in the early twentieth century. Stuart and Dennis used this small piece to weave a replica – and since this time they have developed a Llanover Heritage range in several designs all named after the mountains in the area, such as Skirrid and Pen-y-fâl. 'It's very quick to weave, relatively speaking,' says Stuart of the diamond pattern at its base, 'but our customers can't get enough of it!' In 2016 Sioni Rhys contributed to the creation of the crown at the National Eisteddfod of Wales, held that year in Abergavenny. Made by

garthen wreiddiol. Ar sail y gwaith cychwynnol hwnnw maen nhw wedi datblygu ystod o gynnyrch, sef cynnyrch Treftadaeth Llanofer, a enwyd ar ôl mynyddoedd yr ardal – Ysgyryd Fawr a Phen-y-fâl. 'Mae'n gyflym iawn i'w wehyddu, o'i gymharu â phatrymau eraill,' meddai Stuart am y patrwm diemwnt sy'n sail i'r cynllun, 'ond mae'n cwsmeriaid wedi gwirioni arno.' Yn 2016 fe gyfrannodd Sioni Rhys at greu'r goron ar gyfer Eisteddfod Genedlaethol y Fenni. Lluniwyd y goron gan Deborah Edwards, gof arian o Sir Fynwy, ac fe wehyddwyd y brethyn gwlân glas yn ei chanol gan Stuart, gan ddefnyddio patrwm Llanofer.

Gwneir pob un darn o'u gwaith â llaw, ac mae hynny'n sicrhau nad oes dwy eitem byth yr un fath; mae'r unigoliaeth honno yn allweddol i ethos Stuart a Dennis. Mae'r safon hefyd yn ganolog, gyda phob eitem yn mynd drwy broses rheoli ansawdd; Stuart ei hun sy'n gwirio gan chwilio am unrhyw feflau. 'Rydyn ni'n ceisio cadw'n prisiau'n realistig fel bod pobl yn gallu fforddio'n cynnyrch, ond ar yr un pryd, mae angen i ni adlewyrchu'r ffaith fod popeth wedi'i wneud â llaw ac wedi cymryd tipyn o amser i'w greu, felly mae'n rhaid bod y pris yn deg. Os ydy pobl yn talu ychydig yn fwy am eitem, yna mae'n ddyletswydd arna i i sicrhau ei bod yn berffaith ac yn unigryw – yna bydd y cwsmer yn gwybod fod neb arall yn berchen ar rywbeth sydd yn union yr un peth.'

Mae lliwiau yn rhan ganolog o'r broses ddylunio a thros y blynyddoedd maen nhw wedi dod yn fwy parod i newid yn ôl y ffasiwn. 'Ar un adeg,' meddai, 'rwy'n cofio roeddwn i'n gwerthu gorchudd celfi oren a glaswyrdd ac roedd e'n boblogaidd iawn

Monmouthshire silversmith Deborah Edwards, the blue wool cloth at its centre was woven by Stuart – using the Llanover weave.

The fact that every piece produced at Sioni Rhys is handmade means that no two items are ever quite the same, and that individuality is key to Stuart's and Dennis's ethos. Quality is also crucial, with every single piece going through a quality control process in which Stuart himself checks for any irregularities: 'We try to keep our prices realistic so that people can afford our product but at the same time, each piece is handmade and has taken a lot of time to create, so it has to be a certain price. And if people are paying that bit more for something I want to make sure it's both perfect and individual – they know someone else won't have the exact same thing.'

Colours are a vital part of their design process and over the years these have been the most likely aspect to change according to fashion trends. 'At one point,' says Stuart, 'I remember we were selling an orange and turquoise throw and it was very popular – I'm not sure that would work these days.' Colour combinations are given a name, usually an evocative title that helps him remember the colours in each – such as Poppy Fields and Summer Fruits. The design patterns also have similar names.

Unlike many present day mills, Stuart completes the fulling process himself: 'On those days you'll find me standing in a tub of warm soapy water with bare feet and my trousers rolled up!' Firstly the cloth is soaked in a bath of washing soda and then Stuart stamps on the soap-soaked

– dwi ddim yn siŵr a fydde fe'n gweithio'r dyddie 'ma.' Mae Stuart yn enwi cyfuniadau lliwiau a phatrymau fel cymorth i'r cof.

Yn wahanol i lawer o felinau eraill heddiw, mae Stuart yn cwblhau'r broses o bannu ei hun: 'Ar y diwrnodau hynny fe welwch chi fi'n sefyll yn droednoeth mewn twba o ddŵr twym, sebonllyd, gyda fy nhrowsus wedi'i rolio i fyny!' Yn y man cyntaf, mae'r brethyn yn cael ei fwydo mewn bath o soda golchi cyn i Stuart gamu i'r bath a throedio ar y defnydd sebonllyd. Wedi hynny, mae'r brethyn yn cael ei olchi â dŵr glân cyn iddo gael ei fwydo unwaith eto, y tro hwn mewn cyflyrydd ffabrig. I orffen, mae'n cael ei sychu dan densiwn mawr ar ffrâm ddeintur.

Tra bo Stuart yn gwneud y rhan fwyaf o'r gwaith yng Ngwehyddion Sioni Rhys ei hun, mae'n defnyddio rhai gwehyddwyr eraill o dro i dro, ac yn ddiweddar maen nhw wedi bod yn edrych i'r dyfodol â chenhedlaeth newydd o wehyddwyr. Mae gan Stuart brentis, Justine Adderly, ac mae Rhian Wyman, sydd wedi graddio'n ddiweddar mewn tecstilau, hefyd wedi ymuno â nhw fel cynorthwyydd gwehyddu. Mae Stuart yn ei saithdegau erbyn hyn ac mae'n awyddus i feithrin y sgiliau a'r wybodaeth a fydd yn caniatáu i genhedlaeth arall barhau i gynhyrchu defnydd hardd â llaw yn y modd traddodiadol a hanesyddol hwn.

Teimla Stuart yn angerddol am ei ail yrfa ac mae'n rhoi gofal a sylw arbennig i bob eitem mae'n ei chreu, gan sicrhau ei bod yn hardd, ond yn wydn: 'Mae pob un eitem yn gallu cymryd diwrnod i'w gwneud – ond mae'n cael ei gwneud fel ei bod yn gallu para oes ... a mwy.'

fabric in the bath! After this, the cloth is rinsed thoroughly before soaking in fabric conditioner. Finally, it is dried off under great tension on a tenter frame, this is the origin of the saying, 'I'm on tenter hooks'.

Whilst Stuart carries out most of the work in Sioni Rhys Handweavers himself, he does use a couple of other weavers to complete some work. In recent times they have also been looking to the future with a new generation of weavers. Stuart has taken on an apprentice, Justine Adderly, and a young textile graduate, Rhian Wyman, has also joined them as a weaving assistant. Now in his mid-seventies, Stuart is keen to nurture skills and knowledge which will allow another generation to continue producing beautiful fabric by hand in this traditional and historic way.

Stuart says that he loves his second career and gives each and every item huge care and attention, making it beautiful but durable: 'Each item can take a day to make – but it's made so that it can last a lifetime ... and more.'

SIONI RHYS
SISTER MOON

121

MELINAU GWLÂN TREFRIW
TREFRIW WOOLLEN MILLS

Trefriw

'Tyfais i fyny yma, ond rwy wedi gweld
newidiadau mawr yma.'   Morgan Williams

'I grew up here, but I've seen huge changes here.'
                                    Morgan Williams

Adeilad trawiadol a fu wrth galon pentref Trefriw
yn Nyffryn Conwy am ddegawdau yw Melinau
Gwlân Trefriw. Er bod Melinau Trefriw wedi gweld
sawl newid yn ystod y cyfnod, yr un teulu a fu'n
gyfrifol am sicrhau ei goroesiad fel melin wlân
weithredol am dros ganrif a hanner.

Hyd at ddyfodiad y rheilffordd yn y 1860au,
roedd Trefriw yn ganolfan fasnach bwysig ac fe'i
hadwaenid fel porthladd mewndirol mwyaf Cymru
ar un adeg. Deuai nwyddau i fyny'r afon o'r arfordir
ac yna byddai'r cychod yn dychwelyd yn llawn
llechi, mwynau a choed o'r bryniau a'r mynyddoedd
cyfagos. Datblygodd hefyd yn ganolfan sba, ac ar
droad y ganrif roedd cannoedd o ymwelwyr yn
cyrraedd ar gychod a rhodlongau pleser o Gonwy
a Deganwy. Ar ôl yr Ail Ryfel Byd, fodd bynnag,
roedd y teithiau hynny wedi dod i ben ac roedd ei
phoblogrwydd fel canolfan sba wedi dirywio.

Pandy, sef adeilad ar gyfer pannu brethyn, yn
dyddio o'r 1830au oedd ar y safle yn wreiddiol. Ym

Trefriw Woollen Mills is an imposing building
which has been at the heart of Trefriw, in the
Conwy Valley, for decades. And whilst the Trefriw
Mills have seen many changes over that time,
for over a hundred and fifty years one family has
ensured the continued working of the woollen mill.

Until the introduction of the railway in 1860s,
Trefriw was an important trading centre, and at
one time was regarded as the biggest inland port
in Wales. Merchandise was brought up river from
the coast and the boats returned full of slate,
ore and timber from the surrounding hills. But
it also developed as a spa resort, and at the turn
of the century hundreds of visitors would arrive
on the river by boat and pleasure steamers from
Conwy and Deganwy. After the Second World War,
however, the steamer service had come to an end
and its popularity as a spa resort had declined.

Originally a *pandy*, which is a 'fulling mill'
where cloth was washed and shrunk, dating back

1859 prynwyd Melinau Gwlân Trefriw gan Thomas Williams, hen dad-cu i'r perchnogion presennol, y brawd a chwaer, Morgan ac Elaine Williams. Bu lleoliad y felin ar lannau afon Crafnant yn hanfodol o'r cychwyn cyntaf, ac yn y 1900au cafodd twrbin trydan dŵr ei osod yn y felin, darn anhygoel o beirianwaith: byddai dŵr yn gyrru'r twrbin i gynhyrchu trydan er mwyn pweru'r peiriannau. Twrbin sy'n cyflenwi pŵer i'r felin o hyd, tra bo dŵr afon Crafnant yn parhau i gael ei ddefnyddio i olchi'r gwlân.

Erbyn 1947 roedd y felin yn cynhyrchu gwlân gwau, gwlanen, *tweed* i ddynion a dillad i fenywod; cwiltiau crwybr a thapestri, a rygiau teithio ag ymyl iddyn nhw, gan werthu i dwristiaid a oedd yn ymweld â'r ardal a siopau defnyddiau ar draws Cymru.

Cafodd Elaine a Morgan eu magu yn y busnes teuluol a oedd ar y pryd yn cael ei redeg gan eu tad, Emyr Williams, a'i frawd iau, Alun, gyda chymorth eu gwragedd a'u dwy chwaer. Roedden nhw wedi ehangu'r safle yn sylweddol, gan ychwanegu adeiladau newydd ar gyfer peiriannau newydd. Erbyn y 1970au roedd pump ar hugain o wyddiau yn rhedeg yn y felin ac roedd rhyw saith deg o weithwyr lleol. 'Mi oedd fel teulu, teulu mawr,' meddai Morgan, 'ac yn aml roedd pobl yn gweithio yma am oes.' Yn wir, mae dau o'r aelodau staff presennol wedi bod yn gweithio yno ers y 1960au a'r 70au. Yn y 1960au, aeth Morgan i ffwrdd i'r Alban i astudio Technoleg Tecstilau yn Galashiels, lle bu ei dad hefyd yn astudio bedwar deg o flynyddoedd ynghynt. Roedd 1972 yn gyfnod anodd pan fu farw eu tad a'u hewythr – ond wynebu'r her wnaeth eu mam, Freda Williams, gan

to the 1830s, in 1859 Trefriw Woollen Mills was bought by Thomas Williams, great grandfather of the present day owners, brother and sister Morgan and Elaine Williams. Its location on the fast-running river Crafnant has always been of vital importance and in the 1900s a hydroelectric turbine was installed. This was an extraordinary bit of engineering, in which water from the river was used to drive turbines in order to generate electricity to power the machinery. The mill continues to be powered by a turbine today, with the water from the Crafnant still used to wash the wool.

By 1947 the mill was producing knitting wools, flannel, tweeds for men and womenswear; honeycomb and tapestry quilts, and fringed travelling rugs, selling to tourists visiting the area and drapers' shops across Wales.

Elaine and Morgan grew up in the family business which was then run by their father Emyr Williams and his younger brother Alun, with the help of their wives and two sisters. They had expanded the site considerably, adding new buildings to accommodate more machinery. By the early 1970s, the mill ran twenty-five looms and some seventy local people worked here. 'It was like a family, a big family,' says Morgan, 'and often people worked for their entire life here.' Indeed, two of their current members of staff started here during the 1960s and 70s. In the 1960s, Morgan went away to study Textile Technology in Galashiels, Scotland, where his father had studied forty years earlier. Sadly, in 1972 both their father and their uncle died – but

barhau â'r busnes. 'Roedd hi'n ddynes arbennig,' meddai Elaine, 'gydag egni hynod.' Bu hi farw yn 2008 yn wyth deg saith mlwydd oed, ac roedd yn bresenoldeb yn y busnes drwy gydol yr amser.

Heddiw, maint y felin yw un o'r pethau mwyaf trawiadol amdani, yn enwedig o'i chymharu â'r mwyafrif o felinau gweithredol eraill yng Nghymru. Erbyn hyn mae'r felin yn cynhyrchu tapestri Cymreig fesul llathen, *tweeds* a rygiau teithio. Yn ogystal, mae'r tapestri Cymreig yn cael ei droi'n orchuddion celfi, gorchuddion clustogau, bagiau a phyrsiau – er bod patrwm ailadroddol y brethyn hwnnw'n llai o faint, rhywbeth a ddatblygodd eu mam pan ddechreuwyd cynhyrchu dillad tapestri yn y 1950au a'r 60au. Ond yn y siop ac ar wefan y felin y mae modd prynu'u cynnyrch nawr. Daeth y penderfyniad i orffen gwerthu'n gyfanwerth yn yr 80au pan oedd y diwydiant gwlân yn wynebu cyfnod anodd ac roedd angen i'r felin ymateb a darganfod dull mwy hylaw o weithio.

Yn gyffredinol mae'r ddau wedi gweld newidiadau dirfawr yn y modd y mae'r felin yn gweithio. 'Yn y 70au, roedden ni'n gyrru o gwmpas Cymru, fy nghyn-ŵr a minnau, yn dosbarthu nwyddau i siopau yr hyd y ffordd,' meddai Elaine. 'Ond yna, roedd llai a llai o siopau crefft ar gael i werthu drwyddyn nhw – yn enwedig gyda dyfodiad y we hefyd. Dwi erioed wedi difaru peidio â gwerthu'n gyfanwerth mwyach. Roedden ni o hyd yn brin o ryw ddarn o stoc, roedd pobl yn gallu troi'n gas, ac yna byddai'n anodd cael arian.'

Bu'r felin yn gyrchfan i ymwelwyr ers degawdau, er bod natur y farchnad honno wedi newid dros amser hefyd. Yn ôl Elaine, 'Mae'r diwydiant

undeterred, their mother, Freda Williams, kept the business going. 'She was a great lady,' says Elaine, 'she had remarkable energy.' She passed away in 2008 at the age of eighty-seven, having been very much part of the business all along.

Today, the size of the mill remains one of the most striking things about it when you visit, especially compared to most of the other Welsh mills still in operation. It now produces Welsh tapestry by the meter, tweeds and travelling rugs. The Welsh tapestry is also made up into throws, cushion covers, bags and purses. This cloth uses a smaller pattern repeat, something started by their mother when the mill began producing fabric for Welsh tapestry garments in the 1950s and 60s. They sell exclusively through their shop on site and via their website. They are no longer involved with any trade selling, something they decided to stop doing in the 1980s when times in the industry were tough and a more manageable approach was called for.

Generally, they have both seen enormous changes in their way of working. 'In the 1970s we drove round Wales, my ex-husband and I, delivering to shops all the way round,' says Elaine. 'But then there were fewer and fewer craft shops around Wales to sell through – especially with the web too. I never regret not selling trade. We were always out of stock of something, which made people get nasty, and it was difficult getting money in.'

The mill has been a popular visitor destination for decades, although this market has also altered, says Elaine: 'The tourist

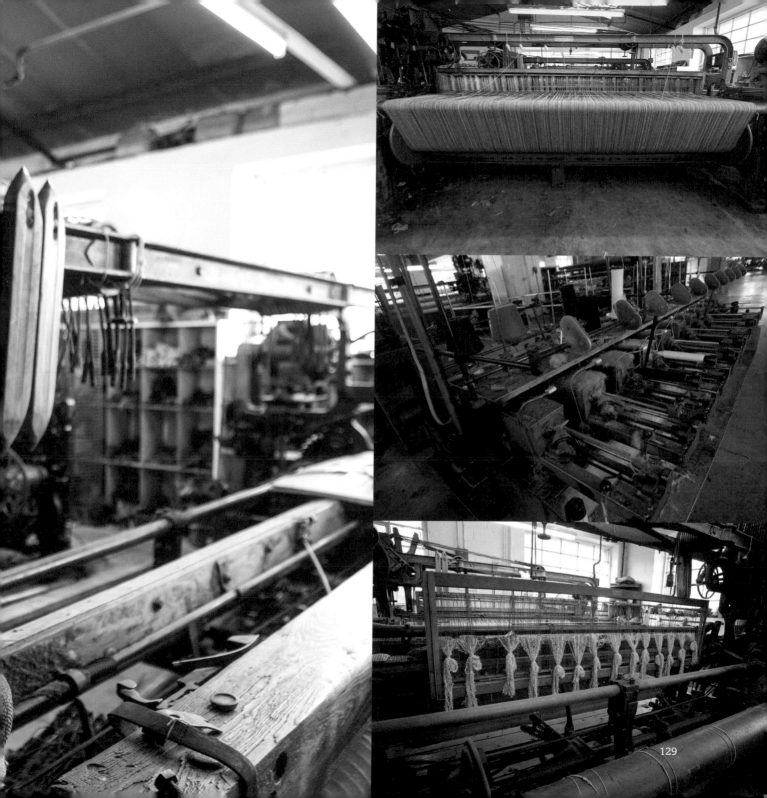

twristiaeth wedi altro achos bod pobl yn mynd dramor nawr. Daeth y newid mawr yn y 70au a'r 80au. Slawer dydd fydden ni'n cael tyrfaoedd o bobl, rhyw ugain o fysiau'r diwrnod.' Serch hyn, mae lleoliad y felin o fewn Parc Cenedlaethol Eryri, ynghyd â'r arddangosfa o beiriannau hynod sydd i'w gweld, a'r y cyfan yn parhau i weithio a chynhyrchu nwyddau, yn sicrhau ei bod yn denu'r ymwelwyr o hyd. Yn yr haf, mae'r siop a'r caffi'n agored saith diwrnod yr wythnos, ac mae modd gweld yr amgueddfa a'r ffatri'n gweithio o ddydd Llun tan ddydd Gwener. Mae'r broses gynhyrchu yn cael ei gweithredu â'r ymwelwyr mewn golwg, ac mae'r teulu wedi parhau i gynnal bron pob elfen o'r cynhyrchu er mwyn sicrhau bod gwledd weledol a hanesyddol ar gael i'r ymwelwyr. 'Rydyn ni'n dibynnu ar dwristiaeth,' meddai Elaine, 'ac yn ceisio'i gwneud hi'n fwy o sioe, felly.'

Ar y cyfan, mae'r nwyddau cyfoes sy'n cael eu gwerthu'n debyg iawn i'r hyn roedd y felin yn ei wneud yn hanesyddol, er bod mwy o amrywiaeth o ran lliwiau. Heddiw, Elaine sydd yn goruchwylio'r cynnyrch a'r dylunio, ynghyd â'r siop, y caffi ac ochr weinyddol y busnes, tra bo Morgan yn gyfrifol am y cynhyrchu.

Mae'r busnes yn cael ei weithredu mewn modd sy'n cyflawni dau beth felly – gweithgynhyrchu ar y naill law a darparu profiad da i'r ymwelwyr ar y llaw arall. Mae'r cribo a'r nyddu yn cael eu gwneud o adeg y Pasg hyd at ddiwedd Hydref pan fydd nifer yr ymwelwyr ar ei uchaf. 'Mae'n gweithio'n dda: rydyn ni'n cynhyrchu edafedd yn yr haf, yn lliwio yn yr hydref pan fydd dŵr yn yr afon ac wedyn yn dechrau'i nyddu yn y gwanwyn eto,' meddai

industry has changed because people go abroad now. There was a big shift in the 70s and 80s. We had crowds and crowds of people and often twenty coaches a day.' Nonetheless, the mill's location in the Snowdonia National Park, coupled with the fact that it displays a remarkable set of machines, all still in operation and producing cloth, has meant that it has continued to attract the visitors. In the summer, the shop and café are open seven days a week, with the museum and factory working from Monday to Friday. The whole production process is run very much with visitors in mind. The family have persisted with many elements of production that they may otherwise have outsourced, in order to ensure that there is a spectacle for visitors. 'We rely on tourism,' says Elaine, 'and try to make more of a show.'

The products they sell remain very similar to those the mill produced historically, although colours are varied. Today, Elaine is in charge of overseeing the products and their design, along with the shop, café and administrative side of things, whilst Morgan is in charge of production.

The business therefore is run in a way which has to achieve two things – manufacture of the products on one hand and providing a good visitor experience on the other. Carding and spinning are carried out from Easter to the end of October when visitor numbers are at their highest. 'It works out very well that we produce enough yarn in the summer, we dye in the autumn when there's plenty of water in the river and then we start weaving it up in the spring

132

133

Elaine. Mae'r gwaith cynnal a chadw mawr sydd ei angen ar y peiriannau yn cael ei wneud yn Ionawr a Chwefror pan fydd y felin ar ei thawelaf – ond fel mae Morgan yn ei egluro, mae'r hen beiriannau'n enwog am fod yn chwit-chwat ac am fod angen sylw cyson: 'Pan rydych chi'n dibynnu ar hen beiriannau fel hyn mae'n rhaid bod yn hyblyg yn y ffordd rydych chi'n gweithio.' Serch hyn, y gwaith yma gyda'r peiriannau, y 'tincro' cyson, sy'n parhau i roi'r pleser mwyaf iddo.

Gan fod gwerthiant y busnes yn dibynnu bron yn gyfan gwbl ar ymwelwyr, mae sicrhau llif cyson a helaeth o bobl i'r felin yn hanfodol, ac Elaine sy'n gyfrifol am hyrwyddo melin, siop a chaffi Trefriw. 'Rwy'n teimlo fel petawn i'n treulio'r rhan fwyaf o 'mywyd yn marchnata a gwneud PR,' meddai. Maent yn denu cyfran uchel o ymwelwyr o dramor, o Awstralia, Ewrop ac America yn arbennig. Mae Elaine yn marchnata'n bennaf trwy ddefnyddio taflenni, gwefan y busnes ac yn fwyfwy drwy'r cyfryngau cymdeithasol. Yn y siop ceir arddangosfa werth ei gweld o gynnyrch y felin ei hun, ochr yn ochr â chrefftwaith amrywiol gan wneuthurwyr eraill. Maen nhw'n ymdrechu i gyflwyno darnau newydd a syniadau newydd ar gyfer cynnyrch y felin yn weddol reolaidd, ond dim ond hyn a hyn sy'n bosibl ei wneud oherwydd cyfyngiadau ymarferol, fel yr amser mae'n ei gymryd i baratoi'r gwyddiau, neu'r nifer o liwiau sydd ganddyn nhw mewn stoc. Yn anochel bron, mae cyflwyno rhywbeth newydd yn dueddol o feddwl bod angen iddynt orffen cynhyrchu rhyw eitem neu gynllun arall. 'A'r eiliad rydych chi'n gwneud hynny,' meddai Elaine, 'mae pawb eisiau'r union beth rydych chi wedi stopio'i gynhyrchu!'

again', says Elaine. Major maintenance on the machines is carried out in January and February when they are at their quietest – although as Morgan points out, old machines are notoriously temperamental and need constant attention: 'When you're working with old machines like this you have to be flexible in the way you work.' Nonetheless this work with the machinery, the constant 'tinkering with' as he calls it, is the element which gives him the most pleasure.

Elaine oversees the shop and café and as she observes, with their sales nearly entirely dependent on visitors, ensuring a constant and healthy stream is paramount: 'I seem to spend most of my life doing marketing and PR.' They attract a high proportion of overseas visitors, Australians, Europeans and Americans in particular. She markets mainly through leaflets, their website, through which they also sell their products, and increasingly, via social media. The shop is an impressive display of their own products and items made up in Trefriw fabric along with pure wool knitwear and sheepskin goods. They try to introduce something new into their range regularly although scope for this is limited according to time spent rethreading looms, the number of colours they have in stock, and so on. Bringing out something new inevitably means dropping another design or products. 'And as soon as you do that everyone wants the thing you've dropped!' says Elaine.

Trefriw has taken a different path to many of the other mills in Wales by moving away from trade sales completely, not undertaking

Yn ystod y blynyddoedd diwethaf, mae Melin Trefriw wedi dewis llwybr amgen o gymharu â llawer o felinau eraill yng Nghymru. Gwnaethpwyd penderfyniad bwriadol i symud oddi wrth gyfanwerthu ac i beidio â gwneud unrhyw waith comisiwn, gan ddewis yn hytrach ddibynnu'n llwyr ar werthu'n uniongyrchol i gwsmeriaid, naill ai yn y felin ei hun neu drwy'r wefan. Mae Elaine a Morgan wedi llwyddo i roi eu stamp eu hunain ar bethau, gan gynnal busnes teuluol hanesyddol unigryw ar yr un pryd. Cyflawnwyd hynny oll o dan amgylchiadau gwahanol iawn i'r rhai a oedd yn wynebu eu hen dad-cu pan ddaeth i Drefriw dros ganrif a hanner yn ôl.

commissions and relying solely on those who visit them or their website. Elaine and Morgan have taken their own path whilst also carrying on a remarkable family business in a very different industry to that which existed when their great grandfather took over a century and a half ago.

MELIN TEIFI

Dre-fach Felindre

'We'n i isie prynu *sportscar* ar y pryd a wedd rhaid i fi gael yr arian felly we'n i'n meddwl ddelen i i weithio 'ma am 'bach – a sa i 'di gadael oddi ar hynny.'

Raymond Jones

Yn ôl yn haf 1964 roedd Raymond Jones yn ddyn ifanc pedair ar bymtheg mlwydd oed, a newydd orffen cwrs peirianneg yng Ngholeg Pibwrlwyd, Caerfyrddin. Doedd ganddo ddim dyhead mawr i weithio yn y diwydiant gwlân, ond roedd yr awydd am arian er mwyn prynu car smart yn un cryf. Felly, pan gafodd gynnig gwaith yn Ffatri Cambrian yn golchi defnydd, penderfynodd gymryd y swydd dros dro. Bum deg mlynedd yn ddiweddarach mae Raymond wedi treulio'i fywyd yn y diwydiant gwlân, y rhan fwyaf ohono ar safle Cambrian, Dre-fach Felindre. Erbyn hyn, ef yw un o'r crefftwyr mwyaf dawnus yn y wlad.

Aeth dwy flynedd heibio cyn iddo fedru prynu'r car, 'Ond fe wnes i ffeindio Diane yn y cyfamser,' meddai. Roedd Diane yn ferch leol ac yn gweithio yn Cambrian yn gwnïo – ym 1968, rai blynyddoedd ar ôl iddynt gwrdd, priododd y pâr ifanc.

'I wanted to buy a sportscar at the time and I needed the money, so I though I'd come to work here for a little while – and I haven't left since.'

Raymond Jones

Back in the summer of 1964 Raymond Jones was a nineteen-year-old man having just completed his engineering course at Pibwrlwyd College, Carmarthenshire. He had no great hankering to work in the wool industry — but he did long for money to buy a nice car. So, when he was offered work in Cambrian Mills in Dre-fach Felindre he decided to take the job for a few months. Fifty years on and Raymond has spent his lifetime working in the woollen industry, the majority of that being on the Cambrian site in Dre-fach Felindre. By now, he is regarded as one of the most talented craftsmen in the country.

It was two years before he managed to buy the car he longed for – but in the meantime, he did find the girl of his dreams, Diane, a local girl who worked at the mill in the sewing room. A few years later, in 1968, the young pair married.

Pan ddechreuodd Raymond yn ddyn ifanc yn Cambrian cofia tua thri deg o bobl yn gweithio yno, a melinau eraill yn parhau i weithio yn yr ardal hefyd. Cafodd Raymond ei fagu ym mhentref cyfagos Pentre-cwrt, lle roedd dwy ffatri yn dal i weithio ac yn cyflogi tua chant o bobl yr ardal. Serch hyn, ychydig iawn o gysylltiad oedd gan Raymond â'r diwydiant: 'Er bod dwy felin yn y pentre, we'n i ddim wedi bod mewn ynddyn nhw 'riod.'

Ond roedd Raymond wedi mwynhau'r gwaith yn Cambrian o'r cychwyn cyntaf ac wedi dangos dawn naturiol. Daeth ei gefndir peirianyddol i fod o ddefnydd amlwg a chyn hir roedd e'n gyfrifol am y gwahanol beiriannau: 'Roedd wastad ryw sialens. Do'n i ddim wedi sylweddoli pa mor gymhleth fyddai popeth, roedd wastad rhywbeth i'w wneud a we'n i'n joio.' Cyn pen dim roedd Raymond yn fforman a Mr Wilden o Swydd Efrog yn rheoli'r ffatri ar ran y perchnogion, sef Bragdy Evans Bevan, yng Nghastell-nedd.

Dechreuodd Diane yn Cambrian ym 1964, yn syth o'r ysgol. Roedd ei chwaer wedi bod yn gweithio yno tra'i bod hi'n aros i droi'n ddeunaw fel y medrai ddechrau'i gyrfa fel nyrs. Pan ddaeth yr amser hwnnw, aeth Diane i weithio yn Cambrian yn ei lle hi. Pwythau blanced oedd arbenigedd Diane, ynghyd â gwirio defnydd, a hi fyddai'n gwnïo'r labeli ar y blancedi a'r cwiltiau ag ymylon iddynt. Roedd rhyw ddeuddeg ohonyn nhw'n gweithio yno yn yr ystafell wnïo ar y pryd, pawb arall dipyn yn hŷn na Diane ac yn gwnïo crysau gwlanen. Roedden nhw'n dechrau gwaith am hanner awr wedi saith, 'A'n jobyn cynta i o'dd cynnu tân,' meddai Diane.

When Raymond started as a young man in Cambrian he recalls it as a bustling place with tens of people working there, with other mills still operating in the area. Raymond had been raised in the nearby village of Pentre-cwrt where two working woollen mills, employing many people, were still in existence. Despite this, Raymond had very little involvement with the industry whilst growing up: 'Although there were two mills in the village, I'd never set foot in either of them.'

From the outset, Raymond enjoyed the work in Cambrain and showed a natural aptitude. His engineering background was particularly useful and before long he was looking after the various machinery: 'There was always some challenge. I hadn't realised how complicated it would all be; there was always something to do and I relished it.' Before very long Raymond was foreman, working alongside Mr Wilden from Yorkshire, who managed the mill on behalf of the owners, Evans Bevan Brewery in Neath.

Diane also started in Cambrian Mills in 1964, having gone to work there straight from school. Her sister had previously been working at the mill after leaving school, with the intention of starting a career in nursing as soon as she reached eighteen. When that time came, Diane went to Cambrian as her replacement. Blanket stitching was Diane's speciality, along with checking material and sewing the labels onto the blankets and fringed quilts. Diane was the youngest of the dozen or so women who worked in the mill's sewing room at that time, with the

Gwlanen oedd yn cael ei chynhyrchu yn bennaf yn Cambrian yn y cyfnod hwnnw. Llwyddai'r merched gwnïo a oedd yn gweithio yno i wneud rhyw ddeg crys y diwrnod. Roedd y felin hefyd yn cynhyrchu brethyn cartref, blancedi, a chwiltiau tapestri, ymysg pethau eraill. Gwelodd ei reolwr botensial mawr yn Raymond, a chafodd ei anfon ar gwrs tecstilau, gan deithio i Trowbridge bob hyn a hyn o wythnosau. Ddywedodd Mr Wilden fyth air am y peth, ond mae Raymond yn amau, o edrych 'nôl, fod ei reolwr yn ceisio'i baratoi i gymryd yr awenau pan fyddai yntau'n ymddeol.

Ond ni ddaeth y diwrnod hwnnw. Gwerthwyd y ffatri gan y bragdy i gwmni Tra-môr yng nghanol y 1960au. Aeth cynlluniau Mr Wilden yn ffradach ac ymadawodd â'r felin. Parhaodd Raymond i weithio yn y ffatri o dan y rheolwr newydd, ond yn ystod y blynyddoedd nesaf disgynnodd cwmwl tywyll iawn dros Cambrian. Yn raddol, roedd y staff yn colli eu swyddi. Cofia Raymond mai dim ond ef a Diane a oedd ar ôl yn gweithio yno yn y diwedd. Yn y pen draw caeodd y drysau yn y 1980au cynnar.

Roedd y diwydiant tecstilau wedi newid yn gyfan gwbl – crysau gwlân wedi hen fynd allan o ffasiwn a *duvets* ar welyau pawb. Byddai hwnnw wedi bod yn amser naturiol i Raymond a Diane newid cyfeiriad a chwilio am waith mewn diwydiant arall. Fodd bynnag, nid y diwedd a welwyd ganddyn nhw … ond cyfle: 'Wel, we'n ni wedi bod yn y diwydiant gwlân am gymaint o amser, a wnes i a Diane siarad a meddwl, allen ni neud yn well na hynny, yn well na beth o'dd mas 'na, ac fe benderfynon ni fynd amdani a dechre mas ar ein pen ein hunain gyda Melin Teifi.'

rest being kept busy sewing flannel shirts. Work started at half past seven in the morning, 'And my first job was lighting the fire,' says Diane.

Flannel was Cambrian Mill's main output at the time. The sewing room staff would complete some ten shirts each a day. The mill also produced *brethyn cartref*, the homespun cloth; blankets and tapestry quilts, amongst other things. The mill's manager saw considerable potential in Raymond and sent him on a textiles course to Trowbridge, which he would attend every few weeks. Although he never actually said a word about it, looking back, Raymond now suspects that Mr Wilden was preparing his young assistant to take over the mill's management on his retirement.

However, that day would never come. The mill was sold by the brewery to the Tra-môr company in the mid-1960s. Mr Wilden's plans would be scuppered, and he left the mill. Raymond continued to work under the new manager but a very dark cloud descended over Cambrian Mills during the years that followed. Gradually staff members were losing their jobs. In the end, he and Diane were the only ones left. Eventually, the doors finally closed in the early 1980s.

The textile industry had changed completely – woollen shirts had long gone out of fashion and there were continental duvets on everyone's beds. This would have been a natural time for Raymond and Diane to change direction and look for work in another sphere. But rather than seeing this as the end, they saw it as an opportunity: 'Well, we had been in the woollen industry for such a long time, so Diane and I spoke and considered it all

Bu'n rhaid i Felin Teifi ddechrau arni ar unwaith, oherwydd bod angen cyflenwi archebion newydd yn syth. Felly, yn un o hen adeiladau gwersyll y carcharorion rhyfel yn Henllan y dechreuodd Raymond a Diane eu busnes newydd. Teithiodd Raymond ac aelod o staff y cwmni, Brian, i Swydd Efrog i brynu pedwar gwŷdd ar gyfer y fenter newydd am nad oedd modd cael gafael arnynt yn lleol. Mae Brian, a'r gwyddiau, yn dal i fod gyda nhw hyd heddiw.

Yn Henllan y bu Raymond a Diane am ddwy flynedd. Ond yn y cyfamser roedd datblygiadau ar waith yn hen Ffatri Cambrian. Roedd Amgueddfa Cymru eisoes wedi prynu'r safle yn ei gyfanrwydd oddi wrth y derbynnydd, ac yn wir, bu ganddynt brydles ar ran o un o'r adeiladau am gyfnod cyn hyn, gan sicrhau cartref parhaol i amgueddfa a oedd yn adrodd stori'r diwydiant gwlân ar draws Cymru. J. Geraint Jenkins oedd yn gyfrifol am y safle ar y pryd a gofynnodd i Raymond ddychwelyd i Cambrian fel tenant i'r Amgueddfa. Fel y dywed Raymond, 'Wedd gweld ynddo fe. Wedd e am i'r ymwelwyr brofi melin wlân oedd yn gweithio, yn cynhyrchu deunydd go iawn, nid jest fel rhyw arddangosfa. O gal ni i redeg y busnes 'ma ar y safle fydden nhw'n gweld y gwaith fel ma fe heddi, nid fel rhywbeth hanesyddol yn unig. Wedd neb wedi gwneud unrhyw beth tebyg o'r blaen ond wedd ganddo fe'r weledigaeth.'

Ac felly ar ôl ychydig flynyddoedd, daeth Raymond a Diane a Melin Teifi yn ôl i Ffatri Cambrian, ond yn anffodus, gyda pheiriannau o Loegr, gan fod holl beiriannau Cambrian wedi'u gwerthu gan y derbynnydd.

and we thought, we can do better than that, better than what's out there, and we decided to go for it and start out on our own as Melin Teifi.'

Melin Teifi had to set to work at once, since there were immediate contracts to fulfil. Raymond and Diane set up the fledgling business in one of the buildings of the nearby Second World War prisoner of war camp in Henllan. Raymond and one their staff members, Brian, travelled to Yorkshire to buy four looms for the new venture, since they were unable to source them locally. Brian, and the looms, are still part of the business to this day.

Raymond and Diane worked in Henllan for two years, but in the meantime there were developments afoot at the old Cambrian Mill. Having previously leased part of the buildings, National Museum Wales had now purchased the site in its entirety as a permanent home for a museum to tell the story of the Welsh woollen industry. J. Geraint Jenkins was responsible for the site at the time and he asked Raymond to return to Cambrian as a tenant of the Museum. As Raymond recalls, 'He had vision. He wanted visitors to see a working woollen mill, producing fabric for the market, not just as part of some exhibition. Having us on the site, they would see the work as it is today, not just as something historical. No one else had done anything of this kind before, but he had foresight.'

And so after just a few years, Raymond and Diane and Melin Teifi returned to Cambrian Mills, albeit with machinery from England since all of Cambrian's equipment had been sold by the receiver.

148

149

Roedd yn amser anodd i ddechrau busnes newydd yn y diwydiant gwlân: 'Gethon ni amser caled am flynyddoedd. We'n ni wedi benthyg arian er mwyn dechre ac wedd rhaid talu hwnnw 'nôl. Ac os o'ch chi'n cael un cwsmer gwael, we'ch chi'n colli miloedd. Na, wedd hi ddim yn rhwydd.'

Wrth gwrs, nid nhw oedd yr unig rai yn y diwydiant a oedd yn dioddef. Roedd y diwydiant gwlân ar ei waered ar draws y wlad. Ceisiodd Melin Teifi greu cynnyrch a oedd ychydig yn wahanol i'r hyn a ddarperid gan felinau eraill. Eu strategaeth oedd cynnig amrywiaeth helaeth o nwyddau ac ymateb i anghenion y cwsmer. Roedd ochr wnïo'r busnes yn hollbwysig yn y blynyddoedd cynnar. Bu'n rhaid i Diane ddysgu gwnïo dillad – sgìl newydd sbon iddi. 'Ar un adeg, y rŵm gwnïo oedd yn cadw'r lle i fynd,' meddai Diane. Roedden nhw'n gwnïo amrywiaeth o bethau – yn eu mysg, crysau i ddau brif dîm pêl-droed yr Alban, ynghyd â chrysau cilt ar gyfer y ffilm *Braveheart* – ac yn dechrau gwaith am wyth o'r gloch y bore a gweithio 'mlaen tan ganol nos.

Ond, yn raddol fach, daeth tro ar fyd. Yn anad dim, dechreuon nhw dderbyn comisiynau i gynhyrchu eitemau ar ran pobl eraill. Y Natural Fibre Company oedd eu cwsmeriaid cyntaf o'r fath, sef grŵp o dyddynwyr a oedd eisiau troi gwlân eu preiddiau bychain o fridiau prin yn decstilau defnyddiadwy.

Yn ystod y blynyddoedd diweddar mae'r busnes wedi mynd o nerth i nerth: 'So ni 'di gorfod mynd mas i chwilo am waith ers dros ugain mlynedd – mae e'n dod aton ni nawr,' meddai Raymond. 'Ry'n ni'n fwy bishi nag y'n ni wedi bod erioed.'

It was a difficult time to start a new business within the woollen industry: 'We had a tough time for years. We had borrowed money to get started and we had to pay it back. And if you had one bad customer you'd lose thousands. No, it wasn't easy.'

They weren't the only ones in the industry who were suffering of course; there was a general decline and many mills across the country were struggling. Melin Teifi tried to create products which were slightly different from those offered by other mills. Their strategy was to offer a variety of goods and respond to the needs of the customer. The sewing side of the business was crucial in those early years. Diane had to learn how to sew clothes – a completely new skill for her. 'At one point it was the sewing room keeping us going,' explains Diane. They made a range of things – including shirts for the two main football teams in Scotland and kilt shirts for the *Braveheart* film – starting work at eight o'clock in the morning and working well into the night.

Slowly however, there was a shift. Above all, they started receiving commissions to produce items for others. The Natural Fibre Company was the first customer of this kind, a group of smallholders who wanted to use the wool from their small herds of rare breed sheep.

In recent years the business has gone from strength to strength. 'We haven't gone out to look for work for over twenty years – it comes to us now,' says Raymond. 'We are currently busier than we've ever been. We have some full-time members of staff and some part-time – Eric Faulkner, Brian

Mae ganddyn nhw staff llawn-amser a rhan-amser – Eric Faulkner, Brian Cook, Ken Cole, Grace James, Mair James a Janet Richards – gyda rhai yn cynhyrchu defnydd a Diane a'r gweddill yn gwnïo. Pum gwŷdd sydd i'w cael yn y felin heddiw, pob un ohonynt yn gwneud gwaith ychydig yn wahanol i'r lleill, gydag un wedi'i neilltuo ar gyfer gwau gwlanen. Yn sicr, mae eu presenoldeb ar safle Amgueddfa Wlân Cymru yn fantais. Mae gweld y gwyddiau ar waith yn cynhyrchu pob math o frethyn yn ychwanegu dimensiwn arall at brofiad yr ymwelwyr. 'Ma pobl yn dod 'ma a 'dyn nhw ddim yn disgwyl gweld y lle fel ma fe,' meddai Diane. 'Ma nhw'n meddwl bod e'n *wonderful*. A ma nhw'n gwynto'r arogl 'ma.' Does dim dwywaith amdani fod arogl melin wlân yn un arbennig ac unigryw.

Oherwydd arbenigedd a chrefftwaith Raymond, erbyn heddiw mae rhai o ddylunwyr tecstilau mwyaf adnabyddus y wlad yn dod ato i ofyn am gyngor am batrymau ac i'w gomisiynu i droi patrymau dyrys eu cynlluniau papur yn decstilau bendigedig a real. Yn wir, y mae wrth ei fodd yn ystyried sut i gael patrwm newydd i weithio. Mae Raymond yn gweithio gyda rhyw dri neu bedwar dylunydd newydd yn flynyddol, ynghyd ag eraill sydd wedi bod yn cydweithio ag ef ers amser, fel Eleanor Pritchard, dylunydd tecstilau cyfoes sydd wedi ei lleoli yn Llundain. Yn ogystal, maen nhw'n creu cynnyrch arbennig ar gyfer siopau unigol fel Jane Beck a Seld yn Aberaeron. O dderbyn comisiynau o'r fath, nid yw Melin Teifi yn derbyn cydnabyddiaeth uniongyrchol am y gwaith gan nad enw'r felin sydd i'w weld ar y nwyddau

Cook, Ken Cole, Grace James, Mair James and Janet Richards – with some producing fabric and the rest sewing with Diane.' There are five looms in the mill, each one doing a slightly different job, with one loom dedicated to weaving flannel. It's certain that their presence on the site of the National Wool Museum is an advantage. Seeing the looms at work producing all kinds of cloth adds another dimension to the visitor experience. 'People come here and they don't expect to see the place as it is,' says Diane. 'They think it's wonderful. And they smell that smell.' There's no doubt that the aroma of a woollen mill is distinctive and unique.

Thanks to Raymond's expertise and craftsmanship, today some of the country's best known textile designers come to him for advice about patterns and to commission him to turn their complex paper patterns into real, magnificent textiles. It's certainly true that Raymond loves the process of deciding how to make a new pattern work. Raymond works with some three or four new designers each year, alongside others with whom he has worked for several years, such as Eleanor Pritchard, a London-based contemporary textile designer. In addition, Melin Teifi makes exclusive produce for individual shops like Jane Beck and Seld in Aberaeron. Melin Teifi, do not receive direct credit by accepting such commissions, since it's not the mill's name on the finished articles. This doesn't bother Raymond: 'I don't need my name on anything – I don't need the praise, I'm happy knowing that it's my work.'

Melin Teifi does continue to make its own produce – blankets, *carthenni* and so on, continuing

gorffenedig. Dydy hynny ddim yn ei boeni: 'Sdim rhaid i fi gael 'yn enw i ar unrhyw beth – does dim rhaid i fi gael y clod, rwy'n hapus 'mod i'n gwybod mai 'y ngwaith i yw e.'

Mae'r cwmni hefyd yn parhau i gynhyrchu'u deunydd nhw'u hunain – blancedi a charthenni ac ati, gan gadw rhyw ugain o batrymau traddodiadol i fynd. Ond maen nhw'n adnabyddus yn ogystal am gynhyrchu gwlanen. Dyma un o'r ychydig felinau yn y wlad sy'n parhau i wneud hyn, ac yn ôl rhai, nhw yw'r olaf un. O safbwynt Raymond, mae'n hanfodol bwysig fod yr hen sgìl hwn yn parhau. Mae'n teimlo'n arbennig o gryf am hyn gan mai Ffatri Cambrian oedd yn fwyaf blaenllaw am gynhyrchu gwlanen yn y 60au, ac yn ôl Raymond, dylai'r traddodiad barhau ar y safle. Er nad yw gwisgoedd gwlanen wedi dod yn ôl i ffasiwn – hyd yma, beth bynnag – mae Melin Teifi'n parhau i gyflenwi grwpiau dawnsio gwerin ac ati. Yn ôl Raymond, yr amrywiaeth sy'n gwneud y gwaith yn bleserus: 'Cwrdd â phobl newydd a chynnyrch newydd a sialens o wneud pethe newydd … ddim gwneud yr un hen beth drwy'r amser.'

Er bod Diane a Raymond wedi gweithio ochr yn ochr am hanner can mlynedd erbyn hyn, maen nhw'n parhau i gydweithio'n hapus. Mae Diane yn dal i wnïo, llawer llai nag yr oedd hi, ond mater o ddewis yw hynny. 'Allen i gal digon o waith o hyd ond sa i moyn y gwaith erbyn hyn,' meddai. Hithau hefyd sy'n goruchwylio'r cynnyrch – rheoli ansawdd – cyn iddo gael ei ddosbarthu. Dyw'r naill na'r llall ohonynt ddim yn barod i feddwl am ymddeol cto, ond tybed beth fydd ffawd y busnes

some twenty traditional patterns. But they are also renowned for producing flannel. They are one of very few mills in the country still doing so, according to some, they are in fact the very last. From Raymond's perspective, it is essential that this old skill continues and he feels particularly passionate about it due to Cambrian's history, and the fact that it was at the forefront of producing flannel in the 60s. He feels strongly that the tradition should remain on the site. Although flannel clothing hasn't made a return to fashion – not yet, anyhow – Melin Teifi continue to supply folk-dancing groups and so forth. According to Raymond, it is the variety of their work that keeps him interested: 'Meeting new people and the challenge of making new produce … not making the same old thing constantly.'

By now, Raymond and Diane have been working side by side for fifty years, but they continue to do so happily. Diane still sews, a lot less than she once did, but that has been a matter of choice: 'I could still get the work, but by now, I don't want the work,' she says. She also oversees all the produce – quality control – checking all the items before their distribution.

Neither Raymond nor Diane is ready to think about retirement just yet, but what does the future hold for the business when they do decide to call it a day? Raymond doesn't have the answer to that. He is however adamant that the knowledge he has gained over the last half century will be passed on to the next generation, and that wool production will continue in this small corner of Wales.

pan fydd y diwrnod hwnnw'n dod? Does gan
Raymond ddim ateb i hynny. Sut bynnag, mae'n
benderfynol o sicrhau bod yr wybodaeth y mae
wedi'i chasglu yn ystod yr hanner canrif diwethaf
yn cael ei throsglwyddo i'r genhedlaeth nesaf a
bod cynhyrchu gwlân yn parhau yn y gornel fach
hon o Gymru.

Mae'r ddau wedi gweld llanw a thrai'r
diwydiant dros y blynyddoedd ac wedi llwyddo i
greu busnes sy'n cael ei barchu gan arbenigwyr
ar draws y wlad. Er enghraifft, yn y blynyddoedd
diwethaf maen nhw wedi ennill y cyfle i gyflenwi
siop Highgrove. Er bod y ddau wedi gweld dyfodol
i'r diwydiant pan fentron nhw dros dri deg o
flynyddoedd yn ôl, doedd y naill na'r llall ohonynt
wedi rhagweld pa mor bositif fyddai'r newid yn
y diwydiant. 'Ma Raymond a fi'n gweud ambell
waith, "Wel, ni 'di gwneud yn itha da ... ni wedi
cadw'r lle i fynd,"' meddai Diane yn ddiymhongar,
'a fi'n meddwl y bydde tad Raymond yn browd
iawn ohonon ni a fydde 'nhad i'n browd iawn
hefyd.' Mae hynny'n sicr.

They have both seen the ebb and flow of the
industry over the years and have managed to
succeed, by creating a business that is respected
by experts from around the country. Recently,
for example, they have had the opportunity of
supplying the Highgrove shop. Whilst they both
saw a future for the woollen industry when they
decided to take the plunge with Melin Teifi over
thirty years ago, neither of them could have
foreseen how positive the changes in the industry
would be. 'Raymond and I say sometimes, "Well,
we've done OK ... we've kept the place going,"'
says Diane modestly, 'and I do think Raymond's
father and my father would be proud of us.' That's
beyond doubt.

AMGUEDDFA WLÂN CYMRU
NATIONAL WOOL MUSEUM

Dre-fach Felindre

'Amgueddfa yn llawn angerdd yw hon. Mae'n denu pobl yma i ddysgu, i rannu ac i greu – i nyddu, i wau, i fachu, i liwio ac i wehyddu. Lle ydyw sy'n dathlu'r diwydiant gwlân, fel yr oedd yn hanesyddol, ond hefyd sy'n cymryd ysbrydoliaeth o'r gorffennol er mwyn llywio cynlluniau'r dyfodol. Yn syml, mae'n lle arbennig iawn.'

Ann Whittall, Rheolwr

Saif Amgueddfa Wlân Cymru ar gyrion pentref Dre-fach Felindre yn Sir Gaerfyrddin ar safle hen ffatri Melinau Cambrian. Yn hanesyddol bu'r pentref yn ganolfan lewyrchus i'r diwydiant gwlân. Ar un adeg roedd dros ugain o felinau yn gweithredu yn y cyffiniau a hon oedd yr ardal bwysicaf o ran cynhyrchu tecstilau yng Nghymru. Dyma le naturiol felly i leoli amgueddfa genedlaethol er mwyn adrodd stori'r diwydiant yng Nghymru — y diwydiant pwysicaf a mwyaf cyffredin yn y wlad ar un adeg. Ond nid stori hanesyddol yn unig sy'n cael ei hadrodd yno chwaith, gan ei bod hefyd yn adlewyrchu'r diwydiant cyfoes.

'It's a museum full of passion. People come here to learn, to share and to create – spinning, knitting, hooking, dyeing and weaving. It's a place to celebrate the woollen industry, as it was historically, but also to take inspiration from the past in order to inform future design. It is simply a very special place.'

Ann Whittall, Manager

The National Wool Museum stands on the site of what was once Cambrian Mills on the outskirts of the Carmarthenshire village of Dre-fach Felindre. Historically, this village had been the central hub of a thriving woollen industry, with over twenty mills in the local vicinity. For a time it was the most important textile manufacturing district in the whole of Wales. As a result, it was an obvious place to establish a museum to tell the story of the industry in Wales, an industry which was the most important and most common in the country at one time. But the museum does more than just tell the story of the past, it also reflects the contemporary narrative of wool.

Bu gwehyddu â llaw a gwau yn y cartref yn gyffredin yn ardal wledig Dyffryn Teifi ers achau. Sut bynnag, yn ystod ail hanner y bedwaredd ganrif ar bymtheg, trodd y diwydiant cartref hwnnw yn ddiwydiant ffatri a oedd yn gwerthu nwyddau gwlân, yn arbennig i ardaloedd diwydiannol de Cymru, ond hefyd ledled Cymru, ac yn wir, ar draws y byd. Wrth galon y twf yn y diwydiant roedd Dre-fach Felindre a'r pentrefi cysylltiedig, sef Cwm-pen-graig, Drefelin, Waungilwen a Chwmhireth. Yn wir, roedd trigolion Dre-fach Felindre yn ddibynnol ar y diwydiant tra bod y rhan fwyaf o bobl gorllewin Cymru yn dibynnu ar amaeth. Fel y nododd yr hanesydd Dr J. Geraint Jenkins, roedd eu hagwedd yn debycach i drigolion meysydd diwydiannol y De na'u cymdogion amaethyddol. Un o'r prif resymau dros ddatblygiad y diwydiant yn yr ardal oedd ei daearyddiaeth, a gallu'r afonydd a'r nentydd lleol, Bargod, Esgair a Brân – a oedd i gyd yn llifo'n gyflym – i yrru'r peiriannau a golchi'r defnydd. Ffactor pwysig arall oedd dyfodiad y rheilffordd i'r ardal – i Gaerfyrddin i ddechrau, ac yna i Gastellnewydd Emlyn ym 1895. Darparodd hynny ffordd ddiffwdan o gael y cynnyrch i'r prif farchnad yn ne Cymru.

Roedd dau fath o felin yn bodoli yn yr ardal. Ar y naill law ceid ffatrïoedd bychain a oedd, fel arfer, yn cyflogi'r perchennog a'i deulu ac efallai un neu ddau o weithwyr eraill. Ar y llaw arall, ceid y ffatrïoedd mwy o faint, a chanddynt nifer fawr o weithwyr, fel Square Hall, Meiros a Chilwendeg. Roedd y rhain yn fwy trefol eu natur, ac fel arfer, ni fyddai'r perchennog yn gweithio yn y felin ei hun.

Hand weaving in the home was common in the rural Teifi Valley historically. But in the second half of the nineteenth century that domestic industry changed into a factory-based one which sold products all over the country and indeed, the world. At the epicentre of this explosion in the industry was Dre-fach Felindre and the sourrounding villages, Cwm-pen-graig, Drefelin, Waungilwen and Cwmhireth. The inhabitants of this area were dependent on the industry – unlike the majority of people in West Wales, who were reliant on agriculture – and as the historian Dr J. Geraint Jenkins noted, their outlook was closer to that of the inhabitants of the South Wales industrial heartlands than it was to their rural neighbours. Geography, with the abundance of local rivers and streams, such as the fast-flowing Bargod, Esgair and Brân, which were vital in order to power the machinery and wash the fabric, was the main reason for the development of the industry in the area. The arrival of the railway – to Carmarthen initially and then on to Newcastle Emlyn in 1895 – was also important because it provided a straightforward way to get the produce to its main market of industrial South Wales.

Two main types of mills existed in the area. On one hand there were the smaller enterprises, normally employing the owner and their family and perhaps one or two other workers. And on the other hand, there were the larger factories, employing large numbers of people, such as Square Hall, Meiros and Cilwendeg. These were more urban in their nature, and in most cases the owner did not work in the mill itself.

Bu oes aur y diwydiant yn yr ardal yn un fer, o tua'r 1880au hyd at ddiwedd y Rhyfel Byd Cyntaf. Ond yn ystod y cyfnod hwnnw, roedd galw mawr am gynnyrch y melinau. O'r 1920au ymlaen, crebachu a wnaeth y diwydiant, er y bu adfywiad eto yn ystod yr Ail Ryfel Byd.

Ffatri Melinau Cambrian ar lannau nant Bargod oedd y fwyaf yn yr ardal. Codwyd y ffatri ar safle siop wehyddu Doldywyll a oedd yn dyddio o tua 1840. Ar ddechrau'r ugeinfed ganrif fe gododd David Lewis – gynt o felin Pant-glas yng Nghwm-pen-graig – adeiladau newydd gan greu ffatri Cambrian, ffatri gynhwysfawr, llawn offer a oedd yn cyflogi dros hanner cant o bobl yn ei hanterth. Roedd y felin yn cynhyrchu crysau a siolau, blancedi a charthenni, a sanau gwlân, gan ganolbwyntio yn bennaf ar gynhyrchu gwlanen. Ym 1919, dinistriwyd rhan o'r ffatri gan dân. Fodd bynnag, fe'i hailadeiladwyd, ychydig yn llai, a throsglwyddwyd y felin i berchnogaeth John Lewis, sef mab David Lewis, ym 1921. Daeth newid pellach wedi'r Ail Ryfel Byd â dyfodiad perchnogion newydd, sef bragdy David Evans Bevan Ltd o Gastell-nedd ym 1951 ac yna gwmni Tra-môr yng nghanol y 1960au. Ym 1970 mae adroddiad cyffredinol ar Ffatri Cambrian yn nodi bod tua thri deg aelod o staff.

Ym 1976 daeth Amgueddfa Cymru i safle Ffatri Cambrian gan gymryd prydles ar ran o'r adeiladau, ond ym 1984 prynodd yr Amgueddfa'r ffatri yn ei chyfanrwydd a daeth y safle'n gartref i Amgueddfa Diwydiant Gwlân Cymru, diolch i weledigaeth Dr J. Geraint Jenkins. Caewyd y safle am ddwy flynedd yn 2002 er mwyn ailddatblygu, gan ei ailagor ar ei newydd wedd yn 2004.

The golden age of the industry in the area was a short one, from around the 1880s to the end of the First World War, during which time there was huge demand for woollen products. From the 1920s onwards however the industry contracted, although there was a short-lived upsurge during the Second World War.

Cambrian Mills was one of of the largest mills in the area. Doldywyll weaving shop was first established on the site, somewhere around 1840, and the site was gradually developed over the subsequent decades. But early in the twentieth century David Lewis, formerly of Pant-glas Mill in Cwm-pen-graig, built two new buildings, establishing Cambrian Mills, a comprehensive and well-equipped factory employing over fifty workers in its heyday.

The mills produced shirts and shawls, blankets and *carthenni* along with wool socks for both men and women. In 1919 part of the factory was destroyed by fire but it was rebuilt, albeit slightly smaller, and ownership was transferred to John Lewis, David Lewis's son, in 1921. Change would come in the post-Second World War period, with new owners, brewers David Evans Bevan Ltd of Neath in 1951, and then in the mid 1960s, the Tra-môr company. A general report on Cambrian in 1970 notes around thirty members of staff.

In 1976 the National Museum of Wales came to the site, taking out a lease on part of the mill, but in 1984 the Museum bought the factory in its entirety and it became the permanent home to the Museum of the Welsh Woollen Industry, thanks to the vision of Dr J. Geraint Jenkins. The site was

Heddiw, mae Amgueddfa Wlân Cymru, sef yr enw presennol, yn denu rhyw dri deg mil o ymwelwyr y flwyddyn. Yn yr haf, mae'n agored i'r cyhoedd saith diwrnod yr wythnos ac mae'n cynnal amrywiaeth o ddigwyddiadau ac arddangosfeydd drwy gydol y flwyddyn. Ei nod yw dod â'r gymuned ynghyd, hybu sgiliau a thechnegau crefft a chodi ymwybyddiaeth o'r diwydiant gwlân yng Nghymru, fel y bu ddoe ac fel y mae heddiw. Mae'r Amgueddfa yn gartref i gasgliad o flancedi traddodiadol a thecstilau o felinau ar draws Cymru, ffotograffau ac arteffactau amrywiol, a hefyd beiriannau hanesyddol sy'n parhau i weithio a chynhyrchu brethyn; gwerthir y cynnyrch hwn yn siop yr Amgueddfa. Mae hyn, ynghyd â phresenoldeb Melin Teifi, melin fasnachol, weithredol ar y safle, yn atgoffa ymwelwyr mai diwydiant byw yw hwn, nid un sydd wedi llwyr ddiflannu a mynd yn angof.

Bu Non Mitchell, y Brif Grefftwraig, yn gweithio yn yr Amgueddfa ers rhyw ugain mlynedd. Dechreuodd ei diddordeb ym myd tecstilau yn gynnar a bu ar brofiad gwaith ac yn helpu mewn melinau gwlân tra'i bod yn yr ysgol, cyn astudio tecstilau ar gyfer Lefel A. Aeth ymlaen wedyn i'r coleg celf yng Nghaerfyrddin i arbenigo mewn tecstilau. Roedd Non yn awyddus i weithio â thecstilau, ond hefyd â phlant — roedd y swydd hon yn yr Amgueddfa yn berffaith felly, gan roi iddi'r cyfle unigryw i wneud y ddau. Ymunodd Non â thîm Dre-fach fel Crefftwraig dan Hyfforddiant, gan ddysgu o dan arweiniad gwybodus y diweddar Keith Rees a fu'n gweithio mewn melinau lleol.

closed for two years in 2002 for redevelopment, reopening in its new revamped form in 2004.

Today, the Museum – now named the National Wool Museum – attracts some thirty thousand visitors annually. In the summer it is open to the public seven days a week and it holds a variety of events and exhibitions throughout the year. Its aim is to bring the community together, promote craft skills and techniques, as well as to raise awareness of the Welsh wool industry, past and present. The Museum houses a collection of traditional blankets and textiles from mills across Wales, photographs and various artefacts, along with historic machinery that continues to be used to make cloth, with the produce being sold in the Museum shop. This, along with the presence of Melin Teifi, a separate working, commercial mill on the site, reminds visitors that this is a real, living industry, not one that has completely disappeared and has become irrelevant.

Non Mitchell, the Senior Craftsperson, has worked at the Museum for some twenty years. Her interest in textiles started at a young age and she did her school work experience placements in woollen mills before studying textiles at A Level. She then went on to art college in Carmarthen to specialise in textiles. Non was eager to work in textiles but also wanted to work with children – so the position at the Wool Museum was perfect for her, providing the rather unique opportunity to do both. Non joined the team in Dre-fach as a Trainee Craftsperson, trained under the knowledegable leadership of the late Keith Rees, who had worked in local mills before coming to the Museum.

TŶ PEN POWND

Doedd gan Non ddim profiad blaenorol o nyddu na lliwio a doedd hi erioed wedi gweithio ar beiriannau mor fawr a phwerus o'r blaen, felly roedd ganddi gryn dipyn i'w ddysgu. Rhannwyd ei hamser ar y pryd rhwng y gwaith â'r gwlân a chynhyrchu'r deunydd, cynnal a chadw'r peiriannau, tywys ymwelwyr o gwmpas yr Amgueddfa, cynnal gweithdai â'r ysgolion a hefyd weithio â'r casgliad ei hun.

Yn ystod y cyfnod pan fu'r Amgueddfa ar gau i'r cyhoedd, cafodd Non y cyfle i fynd 'nôl i'r coleg i gwblhau gradd mewn Tecstilau Gwneuthredig. Mwynhaodd fachu ar y cyfle hwnnw i gael rhyddid llwyr i fod yn greadigol. Ond bu hi a'r crefftwyr eraill wrthi hefyd yn glanhau ac ailadeiladu'r peiriannau yn ystod y cyfnod hwnnw – gwaith llafurus. Er hynny, fel mae Non yn egluro, roedd yn ffordd dda o ddod i adnabod y peiriannau a deall yn union sut maen nhw'n gweithio. Er enghraifft, dim ond drwy lanhau hen ful nyddu'r Amgueddfa, a fu'n segur ers dyddiau Cambrian hanner can mlynedd yn ôl, ddarn wrth ddarn a'i ailadeiladu y llwyddon nhw i'w atgyfodi.

Ers i'r safle ailagor yn 2004, mae sawl elfen o rôl Non wedi newid. Ond mae cynnal a chadw'r peirianwaith yn parhau i fod yn rhan ganolog o'i swydd: 'Gyda'r peiriannau 'ma, oherwydd eu hoedran, ry'n ni wastad yn dysgu. Rwy'n dal i ddysgu. Does dim un ffordd y bydda i'n arbenigwr … a bob hyn a hyn mae peiriant yn taflu sialens wahanol aton ni a ry'n ni'n gorfod addasu pethau. Tro'r peiriant cribo oedd hi'r wythnos ddiwetha – roedd altrad yn y tywydd ac mae newid yn y tymheredd yn effeithio ar bethau.'

Non had no prior experience of spinning or colouring and she had never before worked on such large and powerful machines as those in the Museum, so there was a lot to learn. Her time was split between the work with the wool, making produce, maintaining the machines, guiding visitors around the Museum, workshops with schools and also work with the collection itself.

With the Museum closed for redevelopment for two years, Non was given the opportunity to go back to college and do a degree in Constructed Textiles, during which time she particularly enjoyed the chance to be completely free and creative. But she and the other craftspeople also set about the work of cleaning, rebuilding and restoring the museum's machinery during this period of closure. This was hard, meticulous work but as Non explains, it was an excellent way of getting to know the machines and understanding how they worked. For example, only by cleaning each and every piece and painstakingly rebuilding the spinning mule, which had been out of action for fifty years, since the days of Cambrian, did they succeed in resurrecting this historic piece of machinery.

Several elements of Non's role at the Museum have changed since the re-opening in 2004. But maintenance of the machines remains a central part of the work: 'These machines, because of their age, we're always learning with them. I am still learning. I'll never be an expert. And every now and again a machine throws a different challenge at us and we have to adapt things. It was the carder's turn last week – the weather changed and the different temperature has an effect on things.'

Mae tair elfen i'r gwaith ar y peiriannau yn yr Amgueddfa – yr elfen o gadwraeth, yr elfen o arddangos i ymwelwyr, ac yn olaf, yr elfen o gynhyrchu nwyddau i'w gwerthu: 'Mae ymwelwyr yn dod i'r Amgueddfa ac maen nhw moyn prynu rhywbeth sy wedi'i greu ar y safle. Erbyn heddi, ry'n ni'n creu blancedi o'r dechrau, o'r cnu. Mae hwnna'n deimlad braf, ei weld e o'r cnu, yn mynd drwy'r prosesau, y peiriannau hanesyddol, ac ma fe'n bennu lan ar y silff yn y siop.'

Erbyn hyn mae Non yn trosglwyddo'i gwybodaeth i genhedlaeth arall ac mae dau grefftwr ifanc yn cydweithio â hi. Un o'r rheini yw Peter Hill, yn wreiddiol o Hwlffordd. Dechreuodd Peter yn yr Amgueddfa fel Cynorthwyydd Amgueddfa yn cyfarfod ag ymwelwyr, ond cafodd ei ddarbwyllo i gymryd rôl crefftwr. Er bod Peter wedi ennill gradd mewn Hanes ym Mhrifysgol Caerdydd, prin oedd ei wybodaeth am hanes diwydiannol, a phrinnach fyth oedd ei wybodaeth am fanwerthu a thecstilau. Erbyn hyn, mae'n gwneud cwrs rhan-amser mewn technoleg tecstilau, ochr yn ochr â'i waith yn amgueddfa Dre-fach.

Yn ddiweddar mae Non a Peter wedi bod yn gweithio ar ddatblygu cynnyrch newydd i'r Amgueddfa – edafedd gweu. Roedd gofyn iddyn nhw addasu'r peiriannau i fedru gwneud y gwaith, gan fod gwlân gwau yn fwy meddal na gwlân ar gyfer gwehyddu. Mae'r llwyddiant diweddar hwn yn teimlo'n dra arbennig i Peter ac wedi rhoi boddhad enfawr iddo. Ar y llaw arall, mae hefyd wedi rhoi gwir ddealltwriaeth iddo o gywreinder y broses: 'Yn wreiddiol pan ddechreuais i, yr elfen

As Non explains, there are three parts to the work with the historical machinery at the Museum — conservation, exhibiting to the public and producing goods to sell in the shop: 'Visitors come here and they want to buy something that has been made on the site. By today, we produce blankets from scratch, from fleece. That's a really good feeling, seeing the fleece through each of the processes, using historic machinery, and it ends up on the shelf in the shop.'

By now, Non is able to transfer the knowledge she has gained to another generation, working alongside two younger trainee craftspeople. One of those is Peter Hill, originally from Haverfordwest. He started in Dre-fach as a Museum Assistant, meeting and greeting visitors, but was persuaded to become a Trainee Craftsperson. Although Peter had gained a degree in History at Cardiff University, his knowledge of industrial history was slim, and his knowledge of manufacturing and textiles practically non-existent! He is by now completing a part-time course in textile technology alongside his work in Dre-fach.

Recently Non and Peter have been working on developing new produce for the Museum — knitting yarn. The main task was having to adapt the machinery to be able to do the work since wool for knitting is softer than the wool used for weaving. Seeing the end-product on the shelf in the shop has given Peter an enormous sense of satisfaction. However, it has also given him a real understanding of the intricacies of the process: 'Originally when I started here it was the historical element that I was familiar with, and I also

hanesyddol oedd yr hyn roeddwn i'n gyfarwydd ag e, ac ro'n i hefyd yn mwynhau ymwneud â'r cyhoedd – mae hwnnw'n rhywbeth rwy'n dal i'w fwynhau nawr, mae wastad yn fy synnu i pa mor frwdfrydig ac angerddol y mae pobl am wlân. Ond dros amser mae'r ochr dechnegol wedi dod i 'niddori i hefyd. Ro'n i heb ddeall pa mor gymhleth oedd hi i brosesu gwlân, a faint o sgil sydd ei angen. Mae 'na filoedd o fathau o edafedd; sut mae datblygu'r brethyn, sut mae peiriannau gwahanol yn ymateb – gallwch chi dreulio oes yn dysgu am y peth.'

Aelod diweddara tîm crefftwyr Dre-fach yw Ceri Davies a ymunodd fel Crefftwr dan Hyfforddiant yn Rhagfyr 2014, er ei fod ef, fel Peter, wedi gweithio fel cynorthwyydd yn yr Amgueddfa am rai blynyddoedd cyn hynny. Mae Ceri'n dod o gefndir gwahanol eto i'r ddau arall gan iddo gael ei hyfforddi fel peiriannydd amaethyddol – mae felly'n fwy cyfarwydd â gweithio ar dractor neu mewn parlwr godro na gyda gwyddiau Dobcross. Serch hyn, mae'r wybodaeth fecanyddol wedi bod o ddefnydd yn y swydd: 'Pan o'n ni ar y tractorau roedd popeth yn electronig, roedd rhaid cael laptop i newid ffiws; o leia fan hyn, ma fe'n *gear to gear* – yn beiriannol iawn.'

Mae swyddi'r tri chrefftwr yn rhai anarferol mewn sawl ffordd. Fel y dywed Non, mae angen mwynhau tecstilau a pheiriannau a chyfarfod â phobl: 'Y rheswm rwy wedi bod yma cyhyd yw'r peiriannau – a'r ffaith 'mod i'n caru tecstilau.' I Ceri, mae'r hyn maen nhw'n ei ddysgu gan yr ymwelwyr yn gallu bod yn hynod werthfawr hefyd: 'Rydyn ni'n denu ymwelwyr o bob rhan o'r wlad. Mae 'na bobl sy'n ymweld sydd wedi gweithio yn y

enjoyed engaging with the public – and I still enjoy that now; it always amazes me how enthusiastic and passionate people are about wool. But over time the technical side of it has started to interest me too. I had never understood how complicated it is to process wool, and the amount of skill that was required to do that. There are thousands of different types of yarn, of ways to develop the cloth; how different machines respond, you can spend a lifetime learning about it all.'

Ceri Davies became a Trainee Craftsperson in December 2014 – although he, like Peter, had worked there as an assistant for some time before then. Ceri comes from a different background again, having originally trained as an agricultural engineer, and so is more familiar with working on tractors and in milking parlours than Dobcross looms. Mechanical knowledge is proving useful nonetheless: 'When I was on the tractors everything was electronic, you needed a laptop to change a fuse; at least here, it's gear to gear – very mechanical.'

The role of craftsperson at the Museum is unusual in a number of ways. As Non explains, you need to enjoy textiles, machinery and meeting people: 'The reason I have been here so long is the machinery – and the fact that I love textiles.' For Ceri, what they learn from the visitors can also be extremely valuable: 'We draw visitors from far and wide. There are some who visit who have worked in the wool industry. You hear their stories of working, real stories, not facts from books. The fact that I am then able to share those stories again with other visitors to Dre-fach is really special …

diwydiant. Rydych chi'n clywed eu storïau nhw o weithio, storïau go iawn, nid ffeithiau o lyfr. Mae gallu rhannu a throsglwyddo'r storïau hynny i ymwelwyr eraill Dre-fach yn arbennig … ac mae'n braf meddwl eich bod chi'n rhywun sy'n helpu i gadw'r traddodiad i fynd a'i atal e rhag marw mas.'

Mae Peter yn sicr ei fod ef wedi gwneud y penderfyniad iawn wrth gael ei hyfforddi fel crefftwr gan ei fod yn gweld dyfodol i'r diwydiant gwlân: 'Mae 'na'r fath adfywiad wedi bod yn y diwydiant. Mae galw mawr am y cynnyrch a gwerthfawrogiad o nwyddau o safon. Mae'n amser cyffrous iawn i fod yn rhan ohono, petai ond yn rhan fach.'

and it's nice to think that you're someone who is keeping the tradition going and stopping it from dying out.'

Peter certainly feels that he has made the right decision to train as a craftsperson because he believes that there's a future in the wool industry: 'There's been such an upturn in the industry. There's a big demand … and an appreciation of quality produce. It's a really exciting time to be part of it, albeit in a small way.'

MELIN WLÂN ESGAIR MOEL
ESGAIR MOEL WOOLLEN MILL

Sain Ffagan

'Y peth neisiaf yw pan bo' fi'n gweld y siolau'n sychu yn y gwynt. Ma hwnna'n dod â phleser achos dw i wedi'u gweld nhw drwy'r holl broses o'r gwlân amrwd ymlaen.'
Dewi Jones

'The nicest thing is seeing the shawls drying in the wind. That brings me such pleasure because I've seen the process through from the raw wool.'
Dewi Jones

Saif melin Esgair Moel wrth ochr y pwll, sef hen bwll nofio'r stad wreiddiol, yng nghanol Amgueddfa Werin Cymru yn Sain Ffagan. Wrth ei waith yn y felin mae Dewi Jones, a ddechreuodd yno fel prentis yn Awst 1988 yn bedair ar bymtheg mlwydd oed. Mae ei ddiwrnod gwaith yn gyfuniad o weithio â'r gwlân, gofalu am y peiriannau a siarad â'r cyhoedd. Mae adeg y flwyddyn a'r tywydd yn effeithio ar beth yn union y bydd e'n ei wneud. Dyn tawel ei ffordd, braidd yn hen ffasiwn ydyw, sy'n gweddu'n berffaith i'w amgylchedd sy'n perthyn i'r ddeunawfed ganrif.

Yn wreiddiol, lleolid y felin ryw ddwy filltir i'r de-ddwyrain o Lanwrtyd, ar lannau afon Cledan. Codwyd y felin ym 1760, ac ar y pryd, fe'i rheolid ochr yn ochr â fferm gyfagos. Yn y bedwaredd ganrif ar bymtheg, cafodd y felin ei hymestyn er mwyn creu lle ar gyfer peiriannau newydd.

Esgair Moel mill stands at the side of the pool, which is in fact the old swimming pool of the original estate, in St Fagans National History Museum. At work in the mill is Dewi Jones, who started here as a nineteen-year-old apprentice in August 1988. His working day is a mixture of working with the wool, maintaining the machinery and speaking to the visiting public. The time of year and weather affects exactly what he does each day. He is a quiet man, slightly old fashioned in his manner, perfectly suited to the eighteenth-century environment which surrounds him.

Esgair Moel's original location was some two miles south-east of Llanwrtyd on the banks of the Cledan. The mill was erected in 1760 and ran alongside the nearby farm. Later, in the nineteenth century, the mill was extended in order

Roedd hi'n parhau i weithio tan 1947, er bod yr adeilad mewn cyflwr truenus erbyn hynny, ac fe'i symudwyd i'r Amgueddfa Werin ym 1949, gan agor i'r cyhoedd ar y safle hwnnw ym 1952.

Ym 1988 roedd Dewi Jones yn ddyn ifanc ac yn byw gyda'i deulu yn Ninas Powys. Ar y pryd, roedd newydd ddechrau cwrs blwyddyn mewn coleg arlwyo. Ond pan welodd hysbyseb yn y papur yn cynnig prentisiaeth yn Esgair Moel, penderfynodd roi cynnig arni. Fel nifer o ddynion ifanc, nid doedd wedi meddwl o ddifri am yrfa bendant — yr unig beth a wyddai oedd fod angen ennill arian arno — a phan gafodd gynnig y swydd, roedd yn ansicr beth fyddai orau i'w wneud: 'Roedd Dad yn dweud "cymer y job" a Mam yn dweud "benna yn y coleg". Fe wnes i wrando ar Dad: "Dwyt ti i ddim yn cael lot o gyfleon mewn bywyd felly pan mae cyfle'n dod, ti'n ei gymryd e."'

Dechreuodd felly ar ei waith gan ddysgu ochr yn ochr â Gareth Jenkins. Roedd Gareth wedi dechrau ym 1981 ac roedd yn fab i guradur yr Amgueddfa, Dr J. Geraint Jenkins, arbenigwr ar hanes y diwydiant gwlân. Mae Dewi yn fodlon cyfaddef nad oedd yn deall dim cyn dechrau: 'Do'n i'n gwybod dim am wlân; gwlân o ddefaid, jympers o Marks & Spencers, ondife?'

Yn y dyddiau cynnar fe'i gwelodd hi'n anodd deall beth roedd Gareth yn ceisio'i egluro iddo, ond awgrymodd Gareth ei fod yn ysgrifennu popeth i lawr er mwyn ei helpu i gofio — a hyd heddiw mae popeth yn cael ei ysgrifennu yn y Llyfr Mawr Coch, neu'r 'Beibl'. 'Os bydden i'n colli hwnna bydden i mewn trafferth,' meddai Dewi.

to accommodate new machinery. It continued production until 1947, although the building was in a dire condition by then, and it was dismantled and moved to the Museum in 1949, opening to the public on the site in 1952.

In 1988 Dewi Jones was a young man living with his family in Dinas Powys. At the time, he had just started a year's course in catering college. However, when he saw an advert in the paper offering an apprenticeship in Esgair Moel, he decided to give it a go. Like many young men, he had never really thought about pursuing a specific career – all he knew was that he needed to earn money – and when he was offered the position he wasn't entirely sure what was the best thing to do, 'Dad said "take the job" and Mam thought I should finish in college. I listened to Dad: "You don't get many chances in life, so when a chance comes, you take it."'

He started work therefore, learning alongside Gareth Jenkins. Gareth had started in 1981, he was the son of the Museum's curator Dr J. Geraint Jenkins, who was a specialist in the history of the wool industry. Gareth admits that he had been a complete novice at the beginning: 'I understood nothing about wool; wool from sheep, jumpers from Marks & Spencers, wasn't it?'

In the early days, he found it hard to understand the things Gareth was trying to explain to him, but Gareth suggested that he wrote everything down in order to help him remember – and to this day everything gets put down in the Big Red Book, or the 'Bible'; 'If I lost that I'd be in trouble,' says Dewi. He hides the book

Mae'n cuddio'r llyfr yn y felin ac yn ddiweddar, mae copi wedi cael ei wneud ganddo hefyd, 'Jest in cês!' Roedd gan Gareth ei hun lyfr tebyg, yn ogystal â Siencyn, y dyn a oedd wedi dysgu pob dim i Gareth. Roedden nhw'n nodi popeth pwysig, fel lle mae'r gwahanol bartiau'n mynd, sut i gymysgu lliwiau ac ati. Erbyn heddiw mae Dewi hefyd yn tynnu lluniau o'r cynnyrch er mwyn cadw cofnod o'r lliwiau mae'n eu defnyddio. 'Mae popeth o bwys yn fan hyn,' meddai gan gau clawr y llyfr.

Mae Esgair Moel wedi bod yn rhan o fywyd Dewi felly ers iddo fod yn ddyn ifanc. Fel y dywed ei hun, mae wedi tyfu lan yno, a dweud y gwir. Roedd yn swil gyda'r ymwelwyr ar y dechrau, ond magodd hyder wrth iddo ddod i ddeall y gwaith yn well. Bu'n gweithio ar y cyd â Gareth am ddwy flynedd ar bymtheg, ond gorffennodd Gareth yn 2005 ac mae Dewi wedi bod yno ar ei ben ei hun oddi ar hynny: 'Roedd e wedi 'nysgu i'n dda.'

Yr hyn sy'n gwneud Esgair Moel yn unigryw yw oed y teclynnau sy'n cael eu trin gan Dewi. Dyma'r peiriannau hynaf sy'n bodoli mewn unrhyw felin yng Nghymru, gan gynnwys yr Amgueddfa Wlân. Mae pob dim yn wreiddiol, wedi'i symud yma o Lanwrtyd. Yn ôl Dewi, 'Fi yw'r unig beth na dda'th gyda'r felin!' Mae dau wŷdd llaw o'r ddeunawfed ganrif, ynghyd â pheiriant nyddu a wnaethpwyd gan John Davies, Llanbrynmair tua 1830. Y gred yw mai hwn yw'r unig un o'i fath sy'n parhau i weithio. Melin wledig oedd Esgair Moel, ac yn hanesyddol, roedd pob elfen o droi'r cnu yn ddefnydd yn cael ei gwneud yno. Mae hynny'n parhau hyd heddiw, a Dewi'n gyfrifol

in the mill and recently he has also made a copy, 'Just in case!' Gareth himself had a similar book, and so did Siencyn, the man who had taught Gareth everything. They would make a note of anything important, such as where different parts go, or how to mix colours. Nowadays, Dewi also takes photos of what he makes so that he keeps a record of the colours he uses. 'Everything important is here,' he says, closing the book's cover.

Esgair Moel has been a part of Dewi's life since he was a young man. As he says himself, he has, in truth, grown up there. To begin with, he was very shy with the visitors, but as he came to understand the work his confidence grew. He worked alongside Gareth for seventeen years but he finished in 2005 and Dewi has worked alone since then: 'He taught me well.'

The thing that makes Esgair Moel unique is the age of the implements and machinery Dewi uses. This is the oldest machinery in any mill in Wales, including the National Wool Museum. Everything there is original, having come there from Llanwrtyd – as Dewi says, 'The only thing that didn't come with the mill was me.' There are two hand looms from the mid-eighteenth century, a spinning jack made by John Davies of Llanbrynmair around 1830, and probably the only one of its kind still working. Esgair Moel was a rural mill and historically every stage of the process of turning wool into cloth was carried out there. This remains true today, with Dewi responsible for every step of the process, along with the care of the archaic equipment: 'I do everything – other than shearing the sheep.'

am bob cam o'r broses, ynghyd â gofalu am yr offer hynafol: 'Fi'n gwneud popeth – oni bai am gneifio'r defaid.'

Yn syml, mae blwyddyn Dewi yn cael ei rhannu'n ddwy: dros yr haf mae'n mynd drwy'r broses o droi'r gwlân amrwd yn edafedd, ac wedyn, yn y gaeaf, mae'n mynd ati i droi'r edafedd yn siolau a charthenni.

O'r gwanwyn i'r hydref felly mae Dewi'n mynd drwy'r camau angenrheidiol – y lliwio, y cribo, y nyddu, y cyfrodeddu, y nydd-droi – er mwyn gallu creu'r edafedd. Mae'r gwlân yn cyrraedd fis Mai. Y gwaith cyntaf oll yw lliwio'r gwlân gwyn amrwd ac mae hynny'n digwydd yn nhŷ lliwio'r felin – ystafell fechan ar y llawr gwaelod. Mae Dewi'n lliwio dau ddeg wyth pwys o wlân ar y tro. Lliwiau cemegol sy'n cael eu defnyddio erbyn hyn, nid rhai naturiol fel slawer dydd. Ond mae elfennau eraill y broses yn dal yn eithaf sylfaenol. Mae'r cnu'n cael ei ferwi mewn bath copr, gyda fflamau o'r tân oddi tano yn twymo'r twba. Does dim thermomedr i fesur y gwres, ond mae Dewi yn gwybod yn union faint o goed sydd i'w rhoi ar y tân er mwyn cael y tymheredd iawn: 'Jest profiad – mae'n anodd egluro.' Mae gofyn troi'r cnu yn gyson. Yn ôl Dewi, y lliw mwyaf anodd i'w berffeithio yw du, gan ei fod yn gallu llosgi: 'Fi wedi llosgi du cyn nawr a 'nes i 'i alw fe'n "charcoal"! Ma isie llai o wres a mwy o droi.' Mae'n cymryd diwrnod cyfan i wneud un lliw – ar ddiwedd y dydd mae'r twba'n cael ei olchi'n drylwyr yn barod ar gyfer y lliw nesaf y diwrnod canlynol. Mae'r union liwiau sy'n cael eu cynhyrchu o flwyddyn i flwyddyn yn dibynnu ar lefelau'r stoc.

At its simplest, Dewi's year is split into two: over the summer he goes through the process of turning the wool into yarn, and then, in the winter, he goes about turning the yarn into shawls and *carthenni*.

From the spring to the autumn, therefore, Dewi goes through the necessary steps – dyeing, carding, spinning, plying, twisting – in order to create thread. The wool reaches him in May. The first job is to dye the raw, white wool and this happens in the dye house of the mill – a small room on the bottom floor. Dewi dyes twenty-eight pounds of wool at a time. Chemical dyes are used rather than the natural ones used historically. However, other elements of the process remain fairly basic. The fleece is boiled in a copper bath, with the flames from the fire beneath warming the tub. There is no thermometer to measure the temperature, but Dewi knows exactly how much wood to place on the fire in order to reach the correct temperature – 'Just experience – it's hard to explain.' The fleece must be turned constantly. According to Dewi, the hardest colour to perfect is black, since it can burn: 'I have burnt black before now and called it "charcoal"! It needs less heat and more turning.' It takes a whole day to make one colour – at the end of the day the tub is washed thoroughly ready for the next colour the following day. The exact colours produced vary from year to year, depending on stock levels.

After the fleece is coloured it has to be put out to dry. At this stage of the process, Dewi is completely dependent on the weather and he

Ar ôl i'r cnu gael ei liwio mae'n gorfod mynd y tu allan i sychu. Yn ystod y cyfnod hwn o waith, mae Dewi'n gwbl ddibynnol ar y tywydd, ac mae'n dilyn y rhagolygon yn ofalus. Yn ddelfrydol, cymerai ryw bum diwrnod i sychu'r cnu.

Ar ôl i'r gwlân gael ei liwio mae'n cael ei roi drwy'r chwalwr sy'n ei dorri'n ddarnau llai o faint a mwy agored eu hansawdd. Mae'r chwalwr, sydd ar lawr gwaelod y felin, yn hen offeryn swnllyd a pheryglus ac mae gofyn i Dewi fod yn ofalus wrth ei ddefnyddio. Yn ffodus, dim ond rhyw ddeng gwaith y flwyddyn mae'n gorfod gwneud hynny ac mae'n sicrhau ei fod yn gwneud y gwaith ben bore cyn i'r ymwelwyr gyrraedd fel ei fod yn gallu canolbwyntio.

Mae angen edrych ar y 'Beibl' pan fydd yr amser yn dod i ystofi: 'Mae lot o fathemateg ac o'n ni ddim yn dda iawn 'da maths. Rwy wedi ysgrifennu popeth lawr yn 'yn ffordd 'yn hunan fel bo' fi'n gallu cofio. Dyw e ddim yn neud lot o sens i neb arall, ond ma fe'n neud lot o sens i fi.' Does dim melin ystofi yn Esgair Moel gan mai dyfais fwy diweddar oedd honno. Felly mae'r broses o greu'r ystof yn un fwy hirwyntog a llafurus nag yn y melinau eraill. Dyma un o'r prosesau lle mae gofyn i Dewi ganolbwyntio — un camgymeriad ac mae'n effeithio ar y patrwm. Wrth reswm, mae'n hoff o gael tawelwch i'w wneud, sy'n anodd weithiau gydag ymwelwyr yn mynd a dod. 'Noson cyn neud warp, cyn mynd i gysgu ma fe'n mynd drwy'n feddwl i,' meddai.

Tri phatrwm yn unig sy'n cael eu cynhyrchu yn y felin. Yr un yw'r patrymau ers pan ddechreuodd Dewi yno — Dant y Ci a phatrwm Penfro sy'n cael

follows the forecasts carefully. Ideally, he would take some five days to dry the fleece.

After the wool is coloured it is placed in the willow machine, which breaks it into smaller pieces which are more open. The willow machine, which is on the bottom floor of the mill, is a noisy and dangerous old piece of equipment and Dewi needs to take care when using it. Fortunately it is only put to use some ten times a year, when he makes sure that he does the work first thing in the morning before the visitors arrive so that he can concentrate on the job in hand.

The 'Bible' has to be consulted when the time comes for warping. 'There's a lot of mathematics involved and I'm not very good with maths,' says Dewi. 'I have written it all down in my own way so that I can remember. It doesn't make much sense to anyone else but it makes sense to me.' There is no warping mill in Esgair Moel since it was a more recent invention, so the process of creating the warp is a more long-winded and labour-intensive one than in other mills. This is a stage where Dewi must concentrate – one mistake and it affects the pattern. Understandably he likes to have peace and quiet for this, which is sometimes difficult with visitors coming and going. 'The night before warping, I will go through it in my mind before going to sleep.'

Only three patterns are produced at Esgair Moel. These are the same as when Dewi started at the mill – Dant y Ci and Penfro, which are woven on the small loom, and the Esgair Moel on the large loom. The Esgair Moel pattern is unique to the original mill. Dewi thinks it is the most attractive and striking of the three – and he recalls watching the

eu gweu ar y gwŷdd bach, a phatrwm Esgair Moel ar y gwŷdd mawr. Mae patrwm Esgair Moel yn unigryw i'r felin wreiddiol. I Dewi, dyma'r patrwm mwyaf deniadol a thrawiadol o'r tri – mae'n cofio gwylio'r ffilm *Solomon a Gaenor* ac adnabod blanced Esgair Moel ar y gwely!

Efallai nad yw'r patrymau sy'n cael eu cynhyrchu yn y felin yn newid o flwyddyn i flwyddyn, ond mae Dewi yn newid cryn dipyn ar y lliwiau. Mae cynnyrch Dewi i gyd yn cael ei werthu yn siop yr Amgueddfa. Er nad oes pwysau masnachol ar Esgair Moel yn yr un modd ag sy'n wir am felinau eraill, mae angen bod y cynnyrch yn apelio at y cyhoedd a chael ei werthu. Mae apêl y lliwiau traddodiadol wedi pylu yn ystod y blynyddoedd diwethaf, ac mae'r pwyslais nawr ar liwiau modern. Yn ôl Dewi, pan ddechreuodd yn y felin, nid oedd yn dda iawn am feddwl am liwiau ac roedd yn dueddol o ddweud, 'wneith hynna'r tro'. Erbyn heddiw mae'n gwybod pa mor bwysig yw cyfuno'r lliwiau iawn. Ar hyd y blynyddoedd mae ysbrydoliaeth ar gyfer lliwiau'r felin wedi dod o bob math o lefydd – papur lapio siocled adnabyddus oedd yr ysbrydoliaeth ar gyfer un ohonynt.

Wedi iddo wau'r siolau a'r carthenni, Dewi sydd hefyd yn gwneud y gwaith 'ffrinjo' ac mae popeth yn cael ei olchi – unwaith eto yn y twba ar ben y tân – ei bannu, gan ddefnyddio *fulling stocks* sy'n anghyffredin iawn erbyn heddiw, a'i sychu ar ffrâm ddeintur. Y cam olaf hwn sy'n rhoi'r boddhad mwyaf i Dewi, efallai, gan iddo allu gweld ffrwyth ei lafur.

Yn sicr, mae Dewi yn rhan annatod o Esgair Moel erbyn heddiw – 'Ma'r *boiler suit* 'ma siŵr o

film *Solomon and Gaenor* and recognising an Esgair Moel blanket on the bed!

Although the patterns that are produced at the mill do not vary from year to year, Dewi alters the colours considerably. The produce is sold at the Museum shop and although there is not the same commercial pressure on Dewi as there is on those working in other mills, what he makes does need to appeal to the public and be sold. The appeal of traditional colours has waned in recent years, so the emphasis now is on modern colours. Dewi admits that when he started at the mill he wasn't very good at thinking of colours and he had a tendency to say 'that will do'. By today he knows how important it is to combine the right colours together. Over the years the inspiration for colour schemes at Esgair Moel has come from all sorts of places – the wrapping paper of a well-known chocolate was the inspiration for one.

After weaving the shawls and *carthenni* Dewi also does the fringing work and everything is washed – once again in the tub above the fire – and dried on the tentering frame. It is perhaps this final step in the process which gives him the most pleasure, since he can then see the fruits of his labour.

Dewi enjoys every aspect of the work, even the heaviest and dirtiest elements. He is certainly a fundamental part of Esgair Moel today – as he puts it, 'This boiler suit probably smells like a sheep!' His way of working is quite unique – yes, he is fortunate that he isn't under any real commercial pressure, but the fact that he is maintaining a traditional way of life and working

fod yn drewi fel dafad!' Mae ei ffordd o weithio yn gwbl unigryw — ydy, mae'n lwcus nad oes unrhyw bwysau masnachol arno, ond mae'r ffaith ei fod yn cynnal hen, hen ffordd o fyw, gydag offer traddodiadol, gwreiddiol yn amhrisiadwy. Bu Dewi'n rhan o wead Esgair Moel ers pan oedd yn ddyn ifanc a'i fwriad yw bod yno tan iddo ymddeol. Mae'n waith corfforol — er nad yw dwylo Dewi'n bradychu hynny, diolch i effaith y lanolin yn y gwlân: ''Se rhywun yn edrych ar 'yn nwylo i, bydden nhw'n meddwl, diawch, dyw hwn ddim wedi gwneud job iawn o waith drwy'i fywyd!'

with equipment which is much older than that found in other mills is priceless. He has been part of the fabric of Esgair Moel since he was a young man and his intention is to be there until he retires, despite the fact that it is physical work – although Dewi's hands don't reflect this, thanks to the effects of the lanolin in the wool: 'If someone looked at my hands, they would think, goodness, this one hasn't done any proper work his entire life!'

MANYLION Y MELINAU · MILL DETAILS

MELIN WLÂN ELFED
ELVET WOOLLEN MILL

Cynwyl Elfed

Caerfyrddin / Carmarthen

SA33 6TS

01267 281336

elvetwoollenmill.com

MELIN ROCK
ROCK MILL

Capel Dewi

Llandysul

SA44 4PH

01559 362356

rockmillwales.co.uk

GWEHYDDION CURLEW
CURLEW WEAVERS

Troed yr Aur Old Rectory

Rhydlewis

Llandysul

Ceredigion

SA44 5RL

01239 851357

westwales.co.uk/curlew.htm

MELIN WLÂN SOLFACH
SOLVA WOOLLEN MILL

Felinganol / Middle Mill

Solfach / Solva

Hwlffordd / Haverfordwest

Sir Benfro / Pembrokeshire

SA62 6XD

01437 721112

solvawoollenmill.co.uk

MELIN TREGWYNT

Castlemorris

Hwlffordd / Haverfordwest

Sir Benfro / Pembrokeshire

SA62 5UX

01348 891225

melintregwynt.co.uk

MELIN DOLWERDD

Cwm-pen-graig

Dre-fach Felindre

Llandysul

SA44 5HT

01559 370874

MELIN WLÂN CAMBRIAN
CAMBRIAN WOOLLEN MILL

cambrianmill.co.uk

GWEHYDDION SIONI RHYS
SIONI RHYS HANDWEAVERS

Hen Efail

Pandy

Y Fenni / Abergavenny

NP7 8DS

07951 407693

sionirhys.eu

MELINAU GWLÂN TREFRIW
TREFRIW WOOLLEN MILLS

Trefriw

Conwy

LL27 0NQ

01492 640462

t-w-m.co.uk

MELIN TEIFI

Dre-fach Felindre

Llandysul

SA44 5UP

01559 371003

melinteifi.com

AMGUEDDFA WLÂN CYMRU
NATIONAL WOOL MUSEUM, WALES

Dre-fach Felindre

Llandysul

SA44 5UP

0300 111 2 333

amgueddfa.cymru/gwlan

museum.wales/wool

MELIN WLÂN ESGAIR MOEL
ESGAIR MOEL WOOLLEN MILL

Amgueddfa Werin Cymru Sain Ffagan /
National History Museum St Fagans

Caerdydd / Cardiff

CF5 6XB

0300 111 2 333

amgueddfa.cymru/sainffagan/adeiladau/
melin_wlan

museum.wales/stfagans/buildings/
woollen_mill

MELINAU GWLÂN

WOOLLEN MILLS OF WALES

1. MELIN WLÂN ELFED/ELVET WOOLLEN MILL
2. MELIN ROCK MILL
3. GWEHYDDION CURLEW WEAVERS
4. MELIN WLÂN SOLFACH/SOLVA WOOLLEN MILL
5. MELIN TREGWYNT
6. MELIN DOLWERDD
7. MELIN WLÂN CAMBRIAN WOOLLEN MILL*
8. GWEHYDDION SIONI RHYS HANDWEAVERS
9. MELINAU GWLÂN TREFRIW WOOLLEN MILLS
10. MELIN TEIFI
11. AMGUEDDFA WLÂN CYMRU/NATIONAL WOOL MUSEUM
12. MELIN WLÂN ESGAIR MOEL WOOLLEN MILL

* yn chwilio am gartref newydd / looking for new premises